A MENTE
DA CRIANÇA

Margaret Donaldson

A MENTE DA CRIANÇA

Tradução DINAH DE ABREU AZEVEDO

Título original: CHILDREN'S MINDS.
Copyright © 1978 by Margaret Donaldson.
Copyright © 1994, Livraria Martins Fontes Editora Ltda.
Editora WMF Martins Fontes Ltda.,
São Paulo, para a presente edição.

1ª edição *1994*
2ª edição *2022*

Tradução
DINAH DE ABREU AZEVEDO

Revisão da tradução
Marcelo Brandão Cipolla
Revisões
Estevam Vieira Ledo Jr.
Silvana Cobucci Leite
Produção gráfica
Geraldo Alves
Composição
Renato Carbone
Capa
Marcos Lisboa

Dados Internacionais de Catalogação na Publicação (CIP)
(Câmara Brasileira do Livro, SP, Brasil)

Donaldson, Margaret
 A mente da criança / Margaret Donaldson ; tradução Dinah de Abreu Azevedo. – 2. ed. – São Paulo : Editora WMF Martins Fontes, 2022. -- (Textos de psicologia)

Título original: Children's minds
Bibliografia
ISBN 978-85-469-0374-0

1. Psicologia da aprendizagem 2. Psicologia educacional 3. Psicologia infantil I. Título. II. Série.

22-107504 CDD-155.413

Índice para catálogo sistemático:
1. Crianças : Desenvolvimento intelectual : Psicologia 155.413

Maria Alice Ferreira - Bibliotecária - CRB-8/7964

Todos os direitos desta edição reservados à
Editora WMF Martins Fontes Ltda.
Rua Prof. Laerte Ramos de Carvalho, 133 01325-030 São Paulo SP Brasil
Tel. (11) 3293-8150 e-mail: info@wmfmartinsfontes.com.br
http://www.wmfmartinsfontes.com.br

Dedicado à memória de
James McGarrigle

ÍNDICE

Prefácio IX
Prólogo XI

Capítulo 1. A experiência escolar 1
Capítulo 2. A capacidade de "descentrar" 5
Capítulo 3. O aprendizado da linguagem 21
Capítulo 4. Falta de raciocínio ou falta de compreensão? 29
Capítulo 5. O que *é* e o que *deve ser* 41
Capítulo 6. O que se diz e o que se quer dizer 51
Capítulo 7. Pensamento desenraizado e valores sociais   69
Capítulo 8. Por que as crianças acham o aprendizado escolar difícil 81
Capítulo 9. O que a escola pode fazer 93
Capítulo 10. O desejo de aprender 109
Capítulo 11. A forma das mentes futuras 121

Apêndice: A teoria do desenvolvimento intelectual de Piaget 131
Referências bibliográficas 155

PREFÁCIO

Procuro mostrar, ao longo deste livro, que as evidências agora nos levam a rejeitar certos aspectos da teoria de desenvolvimento intelectual de Jean Piaget. Pode parecer estranho, portanto, que meus primeiros agradecimentos sejam dirigidos a um homem cuja obra critico. No entanto, a dívida existe e os agradecimentos certamente devem ser feitos. Há muitos anos, ele teve a bondade de me receber no Institut des Sciences de l'Education, em Genebra; e grande parte de minha pesquisa posterior derivou seu ânimo daquela primeira visita. Se agora devo rejeitar parte de seus ensinamentos, o respeito pelo homem e por sua enorme contribuição ao conhecimento continua o mesmo. Nenhuma teoria científica é definitiva; e ninguém tem mais consciência disso que o próprio Piaget. Preciso acrescentar ainda que, embora os primeiros capítulos do livro proponham certas reinterpretações, muito do que é dito depois, acredito eu, não é de modo algum incompatível com os pontos de vista de Piaget, tendo sido com certeza influenciado por ele de forma positiva.

Durante os últimos dez ou doze anos, tive a boa sorte de trabalhar em Edimburgo com muitos colegas e alunos extremamente capazes. Em meados dos anos 60, comecei a estudar crianças em idade pré-escolar em colaboração com Roger Wales, George Balfour, Robin Campbell, John Taylor e Brian Young; e Eve Curme também trabalhou conosco durante algum tempo antes de se casar com Herbert Clark e mudar-se para os Estados Unidos, uma considerável perda para nós. Mais tarde, à medida que alguns membros saíam do grupo original, outros foram chegando: Robert Grieve, Barbara Wallington, Peter Lloyd, Michael Garman, Patrick Griffiths, Lesley Hall, Martin Hughes, James McGarrigle e Alison Macrae. Fiz um uso extensivo das pesquisas de membros deste grupo ao desenvolver os argumentos do livro e ganhei muito com a troca de idéias com todos eles durante estes anos. Também me lembro com gratidão de visitantes de outras partes do mundo que se juntaram a nós durante períodos de tempo mais longos ou mais curtos e nos enriqueceram muito com sua companhia.

Nunca é possível expressar reconhecimento a todas as influências que agem sobre nosso pensamento — ou mesmo apenas conhecê-las. Mas há uma influência que, penso eu, deve ser óbvia: a de Jerome Bruner, com seu interesse profundo pelos elos entre a psicologia e a educação e com sua rara capacidade de traduzir o interesse em ação eficaz. Tive o privilégio de trabalhar em Cambridge, Massachusetts, como membro de vários grupos de pessoas que ele reuniu com o propósito de entender melhor como as crianças aprendem e como podem ser ajudadas a aprender. Este livro deve muito a essa experiência.

Seria uma omissão grave se, voltando agora em pensamento a Edimburgo, eu deixasse de falar das crianças que freqüentavam nosso departamento de pesquisa e das funcionárias — Muriel Slade e Noveen Strachan — que o administram com tanta competência; ou de Janet Panther, nossa secretária, de cuja eficiência e boa vontade nos valemos constantemente — e com absoluta segurança.

Muitas pessoas — Robin Campbell, Martin Hughes, Alison Macrae, Jess Reid e meu marido, Stephen Salter — leram o manuscrito deste livro em seus primeiros estágios. Sou grata a todos eles pelo cuidado com que o fizeram, por seus comentários sugestivos e pelas muitas discussões proveitosas.

Finalmente, quero agradecer ao Conselho de Pesquisa de Ciência Social pela bolsa pessoal de pesquisa que me permitiu passar um ano pensando e escrevendo em paz.

PRÓLOGO

A cena se passa num pequeno pátio a céu aberto, nas instalações de uma escola. Há paralelepípedos, sol e jardineiras cheias de flores. No alto de um murinho está uma criança deitada, apoiada nos cotovelos, olhando para um livro com intensa concentração. Perto dela, outra criança está aguando as flores com o maior cuidado, enquanto um menino está sentado de costas para o muro, com um caderno nos joelhos. Parece estar desenhando ou escrevendo alguma coisa. Como a primeira criança, está absorto em sua tarefa.

Em todo o pátio, dentro do edifício, há agradáveis áreas acarpetadas onde muitas crianças estão ocupadíssimas das mais variadas formas, enquanto os professores andam entre elas, conversando, sorrindo e encorajando seus esforços.

Enquanto olhava esta cena, numa manhã de maio de 1977, ocorreu-me que um visitante que não soubesse nada sobre nossa sociedade poderia ter-se inclinado a pensar que havia Utopia, principalmente se lhe tivessem dito que as crianças à sua frente vinham de famílias de uma parte pouco privilegiada de nossas cidades grandes.

Deixando a mente brincar com esse pensamento, perguntei-me então o que acharia nosso visitante se fosse observar o comportamento e a conversa das crianças na outra extremidade de nosso sistema educacional — os irmãos e irmãs mais velhos destas mesmas crianças, talvez prestes a sair da escola para sempre e profundamente satisfeitos por isso. E imaginei-o lendo nossos jornais e ouvindo nossos programas de televisão com suas declarações constantes sobre a calamidade educacional: padrões decadentes, adolescentes saindo das escolas sem saber ler nem contar, sem preparo para ganhar a vida no tipo de mundo em que vão entrar, insatisfeitos, desiludidos, derrotados antes mesmo de começar.

O visitante com certeza logo abandonaria a idéia de ter chegado à Utopia. Mas, perplexo, estaria também a perguntar-se o que havia dado errado.

CAPÍTULO 1
A EXPERIÊNCIA ESCOLAR

> Onde o conhecimento possível teria mudado a questão, a ignorância tem a culpabilidade do vício.
> (*A. N. Whitehead*)
>
> E a natureza não considera a alegação de "não saber". O não saber funciona como culpa.
> (*C. G. Jung*)

Quando fazemos leis que obrigam as crianças a freqüentar a escola, assumimos coletivamente uma responsabilidade tremenda. Durante um período de aproximadamente dez anos, com variações pouco importantes de um país para outro, as crianças são "recrutas"; e sua juventude não altera em nada a seriedade desse fato, que também não é alterada pela intenção, por mais sincera que possa ser, de que a experiência escolar seja "para o seu bem".

Não estou entre os defensores do que veio a ser conhecido como "desescolarização da sociedade". Acredito que precisamos de escolas — e nunca tanto quanto agora. Mas a justificativa de um longo período de serviço obrigatório à nação não é algo que podemos tratar com leviandade. A pergunta que precisa ser feita, e considerada seriamente, é se a experiência escolar *é* realmente boa para nossas crianças — tão boa quanto podemos torná-la. E isso, está claro, é a mesma coisa que perguntarmos se realmente é boa para a sociedade que sobrevirá quando a atual tiver desaparecido.

Agora estamos diante de uma espécie de quebra-cabeça. Nos primeiros anos de escola, parece que tudo vai muito bem. As crianças parecem animadas, vivas, felizes. Em geral há uma atmosfera de espontaneidade em que são encorajadas a explorar, descobrir e criar. Há muito interesse, por parte dos professores, em elevados ideais educativos. Essas coisas tendem a ocorrer mesmo nas partes da comunidade mais longe de serem socialmente privilegiadas de outras formas. Mas quando consideramos o que acontece na época em que as crianças chegam à adolescência, somos obrigados a reconhecer que a promessa dos primeiros anos fica muitas vezes por cumprir. Grande número de pessoas deixam a escola com o gosto amargo da derrota, não tendo dominado bem, nem moderadamente, aqueles conhecimentos básicos que a sociedade requer, e muito menos tendo-se tornado pessoas que desfrutam do exercício da inteligência criativa.

O problema então é entender como algo que começa tão bem pode freqüentemente acabar tão mal. Diante desse problema, é inevitável que as pessoas se perguntem se a escola realmente começa tão bem quanto parece ou se o brilho dos primeiros anos leva consigo a sombra das trevas que virá.

Por isso, agora há pressão no sentido de mudar a parte de baixo do sistema. E há o perigo real de que esta pressão leve a mudanças que seriam gravemente regressivas.

Num artigo do *Times Educational Supplement* de 24 de junho de 1977, Karl Heinz Gruber insiste conosco para não sermos tolos a ponto de jogarmos fora o que conquistamos. Lembra-nos de nossas conquistas traçando um vívido contraste entre nossas próprias escolas e as escolas primárias da Europa continental, que descreve como lugares áridos e rígidos, onde, desde o começo, as crianças são tornadas ansiosas — doentes até — pelo medo do fracasso.

É evidente que não devemos voltar a esse ponto. Mas depois de ouvir o aviso de Gruber e de estarmos alertas para o risco da perda, ainda devemos perguntar se estamos fazendo o suficiente. Pois o problema central continua. Não há como negar que, apesar da esclarecida solicitude de nossas escolas primárias pela felicidade, a escola transforma-se, de uma forma ou de outra, numa experiência infeliz para muitas de nossas crianças. Grande número delas saem da escola mal preparadas para a vida em nossa sociedade e irremediavelmente cônscias disso. Por isso, ou se consideram estúpidas por fracassarem ou então, num esforço compreensível para se defenderem desta suposição, consideram estúpidas as atividades nas quais fracassaram. Em qualquer dos casos, não querem mais saber dessas coisas. Como justificaríamos um longo período de serviço à nação que acaba dessa forma?

Para os professores dessas crianças infelizes, a experiência escolar em geral é infeliz também. Mas, para eles, a defesa consiste em pensar que os alunos são estúpidos. Dificilmente prefeririam pensar que as coisas que ensinam são estúpidas, pois, neste caso, como justificariam o fato de ensiná-las? E a única possibilidade que resta parece ser a conclusão de que *eles* são o problema.

Para a sociedade como um todo — ou ao menos aquela parte da sociedade que controla a definição e a continuidade dos objetivos educacionais —, há duas conclusões defensivas possíveis a tirar: ou grande número de crianças são irremediavelmente estúpidas e devem ser simplesmente excluídas ou grande número de professores não estão fazendo seu trabalho direito.

Onde está a verdade?

A primeira coisa a reconhecer, nessa situação em geral desagradável, é a extrema dificuldade — e, no contexto da evolução humana, a extrema novidade — do empreendimento educacional que as culturas modernas do Ocidente assumiram. Não precisamos nos excusar tanto pelo fato de não o dominarmos muito bem ainda. Vamos mostrar mais adiante que algumas das habilidades mais valorizadas em nosso sistema educacional são completamente estranhas aos modos espontâneos de funcionamento da mente humana. E pretendo mostrar que a verdadeira natureza do problema de desenvolver essas habilidades ainda não foi suficientemente compreendida.

As posturas defensivas são normalmente inimigas da ação eficaz — mas é claro que a complacência também é, e pode substituí-las facilmente quando estas são abandonadas. Na situação atual, a complacência seria fatídica. Se vamos persistir em nosso empreendimento educacional, é urgente aprendermos a fazê-lo melhor. Qualquer que seja o progresso já feito, os níveis atuais do sofrimento humano e do esforço desperdiçado ainda são altos demais para serem tolerados.

A solução de um problema — de qualquer problema — consiste em descobrir como transformar um estado de coisas existente num estado de coisas desejado que ainda não surgiu. Bem, para fazer isso com eficiência, precisamos evidentemente não só de uma boa idéia do estado final desejado mas também de um bom entendimento das características do ponto de partida. Desse modo, os professores precisam ter clareza não só sobre o que gostariam que as crianças se tornassem sob sua direção mas também sobre como são realmente as crianças quando o processo começa.

Durante os últimos anos, as pesquisas têm proporcionado muitos dados novos sobre as habilidades básicas de pensamento e linguagem que as crianças já possuem ao entrarem na escola. É hora de reconsiderarmos algumas crenças gerais e perguntar quais as implicações dessa revisão.

CAPÍTULO 2
A CAPACIDADE DE "DESCENTRAR"

> Passei aquele primeiro dia fazendo furos no papel e depois fui para casa bufando de raiva.
> — O que há, meu amor? Então você não gostou da escola?
> — Eles não me deram o presente.
> — Presente? Que presente?
> — Eles disseram que iam me dar um presente.
> — Ora, ora; acho que não disseram isso.
> — Disseram! Disseram assim: "Você é Laurie Lee, não é? Você vai ficar sentada aqui por enquanto" [em inglês, *for the present*; literalmente, pode significar também "para receber o presente"]. Fiquei sentada lá o dia inteiro, mas não ganhei nada. Não vou mais para lá.
>
> (*Laurie Lee*)

Rimos com esse mal-entendido pelo menos por duas razões: por causa do choque que vem do reconhecimento súbito da ambigüidade em que normalmente não a perceberíamos; e porque a interpretação da criança nos toca ao revelar a impropriedade de suas expectativas e a ingenuidade de sua mente aberta e esperançosa.

A forma mais óbvia de considerar esse episódio é dizer que a criança não compreendeu o adulto. Mas, com um mínimo de reflexão, fica claro que o adulto também não conseguiu, num nível mais profundo, compreender a criança — colocando-se imaginariamente no lugar desta.

Isso não é uma crítica à professora que disse essas palavras a Laurie Lee. Não podemos parar para pensar em todas as palavras que dizemos em nossa vida cotidiana.

Apesar disso, e por mais compreensível que fosse seu comportamento, essa professora estava agindo de uma forma que os psicólogos chamariam de "egocêntrica". Usada desta forma, a palavra não significa "egoísta"; significa, com um sentido preciso, "centrada em si mesma". Refere-se ao ato de considerar o mundo de acordo com a posição que ocupamos nele, literal ou metaforicamente, e à incapacidade de perceber como seria o mesmo mundo visto de um ângulo diferente — ou que significado teriam as mesmas palavras, ouvidas e interpretadas por um cérebro diferente, com uma bagagem diferente de conhecimentos e experiências anteriores.

Laurie Lee não sabia que a escola não é um lugar onde normalmente se ganham presentes. A professora sabia disso, e se esqueceu de que Laurie Lee não sabia. Sabia tão bem que provavelmente nunca lhe passou pela cabeça que alguém pudesse não saber disso. Quanto mais você sabe uma coisa, tanto maior o risco de comportar-se egocentricamente em relação a seu conhecimento. Desse modo, quanto maior a brecha existente entre professor e aluno, tanto mais difícil se torna o ensino, ao menos nesse ponto.

Além disso, Laurie Lee provavelmente não tinha o menor conhecimento do outro significado vernáculo, adulto, das palavras "for the present". Por isso não teve sequer a interpretação alternativa para considerar. Também nesse ponto a professora esqueceu o tamanho da diferença entre elas. Agiu de acordo com seu próprio centro. Não conseguiu "descentrar-se" e considerar imaginariamente o que suas palavras poderiam significar para uma criança pequena.

Todos temos igualmente uma tendência muito grande de "agir a partir do centro". Mas também sabemos perfeitamente nos descentrar, caso contrário a comunicação fracassaria por completo com uma freqüência muito maior. Se houvesse alguém incapaz de considerar o ponto de vista de outra pessoa, seria um comunicador muito deficiente. Para uma conversa se realizar sem problemas, cada participante precisa procurar entender o que o outro já sabe, o que não sabe, o que precisa saber para atingir seus objetivos e o que quer saber por prazer.

Diz-se que as crianças com menos de seis ou sete anos são muito ruins em termos de comunicação, exatamente por serem ruins em descentração — ou por serem extremamente "egocêntricas".

Esta afirmação foi feita com mais vigor por Jean Piaget, e foi apoiada por muitas evidências em seu favor. Piaget fez dela o centro de sua teoria sobre as capacidades das crianças em idade pré-escolar e nos primeiros anos de escola. Construiu uma rede de argumentos tão bem entrelaçados e de tão longo alcance, reunindo tantas características diferentes do desenvolvimento do comportamento, que é difícil acreditar que ele possa estar errado.

Entretanto, agora há fortes indícios de que, nesse aspecto, ele *está* errado.

Nos últimos anos, Piaget coletou a maioria de seus dados elaborando exercícios para as crianças fazerem e depois observando seu comportamento ao procurarem resolver o exercício, fazendo-lhes perguntas sobre ele e anotando o que dizem. Um dos exercícios mais conhecidos está voltado para a capacidade de levar em conta o ponto de vista de outra pessoa num sentido literal — isto é, de reconhecer o que outra pessoa vê ao olhar para a mesma coisa, mas do outro lado.

Para este exercício, precisamos de um ou vários objetos tridimensionais. Piaget usa um modelo de três montanhas (ver *The Child's Conception of Space* — O Conceito Infantil de Espaço —, de Piaget e Inhelder). As montanhas distinguem-se umas das outras pela cor e por certas características: a neve em uma delas, uma casa no topo de outra, uma cruz vermelha no alto da terceira.

A criança senta-se em um dos lados da mesa onde o modelo foi colocado. O experimentador então mostra um bonequinho e o coloca em um outro lado da mesa. O problema da criança é: o que o boneco vê?

É claro que seria difícil para a criança fazer uma descrição verbal ("Ele vê uma casa no topo da montanha à sua direita...", etc.), pois esta descrição teria uma complexidade considerável. Assim, em uma versão do exercício, a criança recebe uma série de dez retratos do modelo, tirados de ângulos diferentes, e lhe pedem que escolha aquele que mostra o que o boneco vê. Em outra versão, recebe três "montanhas" de papelão e lhe pedem que as organize de forma a representar o que seria visto numa foto batida da posição do boneco. As crianças de até oito anos aproximadamente, ou mesmo nove, em geral não conseguem obter êxito neste exercício; e há uma forte tendência entre as crianças com menos de seis ou sete anos de escolher o retrato — ou construir o modelo — que representa seu próprio ponto de vista — exatamente o que elas mesmas vêem.

Piaget considera isso um indício de que elas são incapazes de "descentrar-se" na imaginação. Observa que, num certo sentido, elas sabem perfeitamente bem que a aparência de uma coisa muda quando você caminha em volta dela. Mas afirma que elas ficam presas no que chama de "ilusão egocêntrica" assim que se lhes pede que façam uma representação mental de algumas vistas que não enxergaram de fato. Elas "realmente imaginam que a perspectiva do boneco é a mesma que a sua" (p. 220). Todas elas pensam que o boneco vê a montanha somente da forma percebida na sua própria posição. O que falta à criança é a capacidade de ver sua própria perspectiva momentânea como uma entre uma série de perspectivas possíveis, e coordenar estas possibilidades num sistema único coerente, de modo que ela compreenda as formas pelas quais as diferentes perspectivas se relacionam entre si.

Piaget insiste conosco para acreditarmos que o comportamento da criança nesta situação nos possibilita uma compreensão profunda da natureza de seu mundo. Este mundo seria um mundo composto em sua maior parte de "falsos absolutos". Isto é, a criança não considera o que vê como algo relativo à sua posição; considera-o como representando a realidade ou verdade absoluta — *o mundo como realmente é*. Note-se que isso implica um mundo marcado por uma extrema descontinuidade. Toda mudança de posição significa uma mudança abrupta no mundo e um súbito rompimento com o passado. E Piaget de fato acredita que assim é para a criança pequena: que ela vive a situação do momento, sem se incomodar com o estado das coisas no momento anterior, com a relação de um estado com aqueles que vêm antes ou depois dele. Seu mundo é como um filme visto quadro a quadro, como Piaget diz em outro lugar.

Isso não significa de forma alguma que Piaget pense que a criança não tenha memória dos "quadros" anteriores. A questão para Piaget é saber como os estados momentâneos se ligam, ou não se ligam, na mente da criança. A questão é saber com que eficiência a criança consegue lidar conceitualmente com as transições entre eles.

E tudo isso tem implicações de longo alcance em relação à capacidade que a criança tem de pensar e raciocinar; voltaremos a estas implicações mais tarde. Primeiro vamos considerar como as crianças se saem num exercício que, em certos aspectos, é muito parecido com o exercício das "montanhas", e, em outros aspectos extremamente importantes, muito diferente.

Este exercício foi elaborado por Martin Hughes. Em sua forma mais simples, utiliza duas "paredes" que se interceptam formando uma cruz, e dois bonequinhos, representando respectivamente um policial e um menininho. Visto de cima, o desenho (antes de o boneco do menino ser colocado em sua posição) é o seguinte:

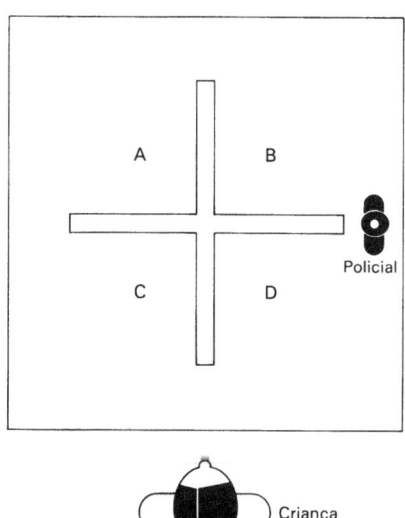

10 A MENTE DA CRIANÇA

Nos estudos de Hughes, o policial é colocado inicialmente como mostra o diagrama, de modo a poder ver as áreas marcadas por B e D, enquanto as áreas A e C ficavam ocultas pela parede.

O exercício era então apresentado à criança com muito cuidado, de formas destinadas a lhe dar todas as oportunidades de compreender inteiramente a situação e o que lhe era pedido. Primeiro, Hughes colocava o boneco do menininho na parte A e perguntava se o policial poderia vê-lo ali. A pergunta era repetida para as partes B, C e D. Depois o policial era colocado do lado oposto, de frente para a parede que divide A de C, e pedia-se à criança que "escondesse o bonequinho de modo que o policial não conseguisse vê-lo". Se a criança cometesse erros nesses estágios preliminares, seu erro lhe era apontado e a questão repetida até a resposta correta ser dada. Mas foram cometidos muito poucos erros.

Então começava o teste propriamente dito. E agora o exercício ficava mais complexo. Outro policial era introduzido e os dois eram posicionados da seguinte forma:

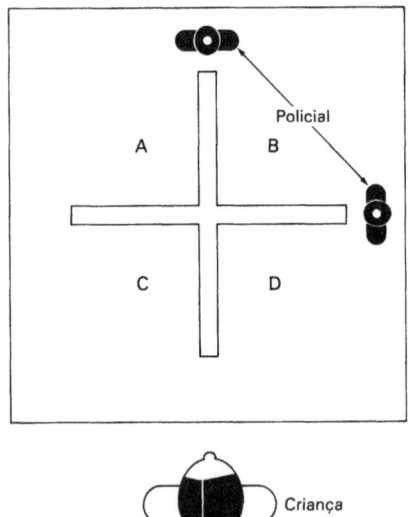

Pedia-se à criança que escondesse o menininho dos dois policiais, um resultado a que só se poderia chegar mediante a consideração e a coordenação de dois pontos de vista diferentes. Isso era repetido três vezes, de modo que, de cada vez, uma parte diferente fosse deixada como o único esconderijo possível.

Os resultados foram impressionantes. Quando o exercício foi proposto a trinta crianças entre três anos e meio e cinco anos de idade, 90% de suas respostas foram corretas. E mesmo as dez crianças mais novas, cuja idade média era de apenas três anos e nove meses, conseguiram um índice de acerto de 88%.

Hughes continuou então com outras tentativas, usando arranjos mais complexos de paredes, chegando a cinco ou seis espaços separados, e introduzindo um terceiro policial. As crianças de três anos encontraram mais dificuldade neste exercício, mas ainda obtiveram mais de 60% de acertos. As crianças de quatro anos ainda conseguiram acertar 90% das vezes.

Parece impossível conciliar essas descobertas com a suposição de Piaget de que as crianças com menos de sete anos são péssimas para avaliar o ponto de vista de uma outra pessoa, no sentido literal de serem incapazes de imaginar o que o outro pode ver. Mas, embora as descobertas de Hughes não possam ser conciliadas com a *suposição* de Piaget, é preciso achar uma forma de conciliá-las com as *descobertas* de Piaget — pois estas não estão sob suspeita. Pesquisas feitas por outros investigadores confirmaram plenamente que, ao apresentar-se a crianças o exercício das "montanhas" de Piaget, elas, de fato, têm uma dificuldade extrema de obter êxito — mas não, parece agora, pelo motivo sugerido por Piaget. Por que motivo, então?

É óbvio que precisamos considerar as diferenças entre os dois exercícios — e são muitas. Uma diferença notada por Hughes é que o exercício dos "policiais", posto que certamente envolva a coordenação de pontos de vista, requer apenas que a criança imagine se um objeto é visível, e não exige que faça inversões entre esquerda e direita e coisas do gênero. Isto é, a criança precisa decidir *o que* pode ser visto, mas não exatamente a sua *forma*. Ora, quando a cena é um pouco complexa, sabemos muito bem que a tarefa de imaginar a aparência de uma coisa a partir de uma determinada posição dá o que pensar a muitos adultos. Mas isso dificilmente explicaria por que as crianças pequenas, ao realizar o exercício das "montanhas", escolhem com tanta freqüência o seu próprio ponto de vista em vez de outro diferente, mesmo que errado. Quando esse fato é considerado à luz das descobertas de Hughes, é difícil evitar a conclusão de que as crianças que dão respostas "egocêntricas" ao problema da "montanha" não compreendem inteiramente o que se espera que façam[1].

Em contraposição, é evidente que, no problema dos "policiais", foi encontrada uma situação que *faz sentido* para a criança. Hughes teve o grande cuidado de apresentar os exercícios de forma a ajudar as crianças a entenderem a natureza do problema; mas, na verdade, suas precauções foram desnecessárias em sua maior parte: as crianças pareciam entender a situação de imediato. Temos então de nos perguntar por que isso foi tão fácil para elas.

Note que não podemos apelar para a experiência real direta: poucas — se alguma — dessas crianças chegaram a se esconder algum dia de um policial. Mas *podemos* apelar para a generalização de uma experiência: elas sabem o que é tentar esconder-se. Sabem também o que é ser desobediente e querer fugir às conseqüências. Por isso, conseguem conceber facilmente que um menino queira esconder-se de um policial, se tiver sido um mau menino; pois, neste caso, o trabalho do policial seria pegá-lo, e as conseqüências de ser pego seriam indesejáveis.

O ponto essencial é que os *motivos* e *intenções* dos personagens são inteiramente compreensíveis, mesmo para uma criança de três anos. O exercício requer que a criança aja de formas que estão de acordo com certos propósitos e interações humanos muito básicos (fuga e perseguição) — tem um *sentido humano*. Desse

---

1. Em outro estudo, Hughes usa uma versão simplificada do exercício das montanhas e descobre que é possível, tomando-se muito cuidado com a forma de apresentar o problema, conseguir uma proporção elevada de respostas corretas de crianças em idade pré-escolar. Trata-se, portanto, de mais uma prova em favor da hipótese de que os sujeitos de Piaget não compreendem o que lhes é pedido.

modo, não é nada difícil transmitir à criança o que se espera que faça: ela o apreende instantaneamente. Decorre, então, que também não é difícil executá-lo. Em outras palavras, nesse contexto a criança não apresenta nenhum sinal da dificuldade em "descentrar-se", atribuída a ela por Piaget.

Quanto à compreensibilidade, o exercício das "montanhas" encontra-se no extremo oposto. Neste exercício, não há nenhum jogo de motivos interpessoais de um tipo que se fizesse instantaneamente inteligível (há a questão dos motivos do experimentador para pedir à criança que o faça e dos motivos da criança ao responder, mas este é um outro problema).

Desse modo, o exercício das "montanhas" é *abstrato* num sentido muito importante do ponto de vista psicológico: no sentido de ser abstraído de todos os propósitos, sentimentos e esforços humanos básicos. Tem um sangue completamente frio. Nas veias das crianças de três anos, ainda corre um sangue quente.

Com isso não queremos sugerir de forma alguma que a capacidade de lidar a sangue frio com problemas de natureza abstrata e formal não tenha importância. É imensamente importante. Muito do que distingue os seres humanos, sendo por isso extremamente valorizado, depende dessa capacidade. E as crianças pequenas são fracas aí.

Quanto mais se valoriza essa atividade, tanto mais importante se torna então procurar entender a verdadeira natureza da dificuldade que dela se origina. Pois, quanto melhor a compreendermos, tanto mais prontamente seremos capazes de ajudar as crianças a superá-la.

Um dos obstáculos que barram o caminho de uma compreensão maior é que os que estudam esses tópicos estão, em sua grande maioria, muito acostumados a formas de pensamento abstrato e formal, a ponto de terem dificuldade para perceber que os graus de abstração que não apresentam problemas para eles podem tornar um exercício confuso e sem sentido para uma criança. Em outras palavras, o pesquisador, como a professora de Laurie Lee, pode muitas vezes não conseguir descentrar-se.

Parece que chegamos agora à curiosa posição de afirmar (a) que as crianças não são egocêntricas, e (b) que os adultos refinados o são. Mas não é isso. O que estamos dizendo é que, no decorrer de nossa vida, todos somos egocêntricos em algumas situações, e muito competentes para nos descentrar em outras. Piaget não discordaria da afirmação de que o egocentrismo nunca é inteiramente superado. A controvérsia com ele diz respeito apenas à extensão — e à importância em termos de desenvolvimento — do egocentrismo na primeira e na segunda infâncias. Quero mostrar que a diferença entre a criança e o adulto a esse respeito é menor do que ele supõe; e depois quero mostrar também que as diferenças críticas encontram-se em outra parte.

Na tentativa de conciliar as descobertas de Hughes com as de Piaget, sugeri que é fácil para a criança entender o exercício de Hughes porque ele tem um sentido humano. Baseia-se num entendimento da interação entre duas intenções complementares de um tipo muito básico: a intenção de fugir e a intenção de perseguir e capturar. Mas vale a pena observar que a avaliação de tal par de intenções complementares, por muito simples e elementar que seja, já implica uma capacidade de se descentrar que não está ligada à compreensão literal de outro ponto de vista: não diz respeito ao que outra pessoa *vê* a partir de um determinado ponto de vista, mas ao que sente ou planeja fazer. O exercício de Hughes, embora elaborado basicamente para testar a primeira compreensão, baseia-se também na segunda. E o que venho afirmando é que esta segunda forma de compreensão é uma capacidade humana muito fundamental.

A questão das origens desta capacidade leva-nos diretamente de volta à primeiríssima infância, período em que, segundo Piaget, reina o mais profundo egocentrismo. Ele afirma que a criança inicialmente não é capaz de fazer qualquer distinção entre ela mesma e o que não é ela; que não sabe traçar a linha divisória que, mais tarde, durante a maior parte do tempo, é tão óbvia e tão firme.

Isso está um ou dois graus além do simples ato de atribuir

ao resto da existência o seu próprio ponto de vista; pois se você nega a existência do resto da existência, é evidente que não lhe atribui nenhum ponto de vista. E, pela mesma razão, não atribui um ponto de vista a si mesmo. Toda a noção de "ponto de vista" deixa de ser aplicável.

Piaget diz que esse egocentrismo inicial é "completo *e inconsciente*" (grifos meus). Se a criança se acha nesse estado, então não tem consciência de si mesma, assim como não tem consciência das outras pessoas e coisas. A consciência se desenvolve à medida que se desenvolve a diferenciação.

É bastante razoável perguntar-se como Piaget ou qualquer outra pessoa sabe do que um bebê muito pequeno tem consciência. A criança com certeza não nos pode dizer diretamente. Portanto, a única possibilidade é tentar fazer inferências partindo da sua forma de se comportar.

A principal evidência em que Piaget se baseia é a seguinte: se você deixar uma criança de cinco ou seis meses divertir-se com um brinquedinho e depois esconder o brinquedinho com uma caixa ou um pano enquanto a criança observa você, o mais comum é a criança não fazer absolutamente nenhuma tentativa de levantar a cobertura e pegar o brinquedo outra vez. Isso ocorre mesmo quando a criança mostra grande interesse pelo brinquedo, e mesmo quando se tem certeza, através de outras evidências, de que o controle dos movimentos da mão e do braço da criança é suficiente para que ela consiga alcançar e pegar o que precisa.

E, então, por que ela não faz o possível para pegar o brinquedo outra vez? Piaget diz que não o faz pela interessante razão de o brinquedo deixar de existir para ela: nesse estágio, longe dos olhos *é* de fato longe do coração.

Um adulto normalmente pensa o mundo como um lugar onde os objetos têm uma duração própria, quer os veja ou não. A existência deles independe da sua. Alguns filósofos questionaram essa idéia e suas bases, mas, para a maioria de nós, a maior parte do tempo, trata-se de uma suposição pouco contestada, que guia continuamente o nosso comportamento. Quando vemos uma caixa sendo colocada sobre um objeto, sabemos que o objeto ainda está lá. Se alguém tirasse a caixa e nos mostrasse que o objeto desapareceu, ficaríamos consideravelmente surpresos e teríamos de recorrer ao truque ou à magia como explicação.

Portanto, se a criança não acredita que o objeto ainda está lá dentro da caixa, se não desenvolveu o que veio a ser chamado de "conceito do objeto", então sua noção de mundo deve ser muito diferente da nossa. Mas também o seria se ela não distinguisse a si mesma do resto do universo. Não se pode pensar num universo de coisas estáveis e duradouras, movimentando-se dentro do espaço e do tempo, a menos que se tenha feito a distinção crítica entre o eu e o não-eu, através da qual atribui-se às coisas a sua independência — ao mesmo tempo em que se alcança a própria independência.

Desse modo, Piaget usa o fato de a criança não conseguir procurar um objeto desaparecido como prova de um estado de profundo egocentrismo inicial. E, à primeira vista, parece ser uma prova muito convincente. Mas há muitos problemas envolvidos nessa conclusão, e um dos mais importantes é o seguinte: se a criança não procura o brinquedo porque lhe falta completamente o conceito de permanência dos objetos, então a forma exata pela qual fazem um objeto desaparecer de sua vista não deve fazer nenhuma diferença para a sua resposta. Se para a criança o mundo é apenas uma série de quadros que vêm e vão (o que parece estar implicado na falta do conceito de objeto), então, seja o que for que faça o objeto desaparecer, a criança não procurará consegui-lo de volta. Mas isso não parece ser verdade. A maneira pela qual o objeto desaparece tem importância.

Uma das formas pelas quais pode-se fazer um objeto desaparecer da vista humana é eliminar a luz que sobre ele incide. E é possível, com modernas câmeras de televisão infravermelhas, gravar eventos que ocorrem em absoluta escuridão. Desse modo, é possível fazer um objeto desaparecer simplesmente desligando as luzes de uma sala velada, e o comportamento da criança ainda assim pode ser observado. Este experimento foi realizado por Tom Bower e Jennifer Wishart, e eles contam que, nestas circunstâncias, as crianças voltam-se rapidamente para a direção certa a fim de pegar o brinquedo de novo. Assim, as afirmações de Piaget sobre o egocentrismo são mais uma vez contestadas. Nesse caso, ainda há muita controvérsia sobre qual será a explicação correta final, e há muitas pesquisas em andamento. Mas Bower faz um relato interessante e bem fundamentado, no qual propõe que nas noções de localização e movimento é que residem as dificuldades iniciais da criança. (Ver *A Primer of Infant Development* — Cartilha do Desenvolvimento Infantil.) Segundo essa perspectiva, o que falta à criança pequena é saber que os objetos *se movem* e que este fato possibilita ao mesmo objeto aparecer em lugares diferentes, ou diferentes objetos aparecerem no mesmo lugar, ou um depois do outro, ou um dentro do outro. Mas, com cinco meses de idade, existe certa noção de movimento presente, e a compreensão de que o objeto X pode ir do lugar A para o lugar B se estabelece. Depois a criança continua tendo muitas dificuldades do tipo que Piaget descreve, mas elas decorrem do fato de que ela ainda tem de desenvolver uma plena apreciação das relações espaciais, como *sobre, dentro, em frente* e *atrás*[2]. As dificuldades não derivam da ausência completa da noção de um mundo de "outras coisas".

Entre as "outras coisas" do universo, há um grupo especialmente importante para um bebê humano, quer ele tenha noção deste fato ou não: o grupo das outras pessoas. Ora, uma das conseqüências da crença num profundo egocentrismo inicial tem de ser a crença de que o bebê não tem nenhuma consciência da importância especial das outras pessoas. E o bebê com certeza deve ser incapaz de um comportamento genuinamente social — incapaz de qualquer reação às pessoas enquanto pessoas, de qualquer comunicação com elas, de qualquer apreensão de suas intenções. A impressão que domina o adulto, a de que está em contato humano com o bebê, deve ser ilusória.

Piaget chega a admitir que, por volta dos sete ou oito meses, a criança mostra de fato, pela própria expressão de seu ros-

---

2. Não estamos falando aqui da compreensão destas *palavras*, mas das relações a que se referem.

to, quais as pessoas que mais a interessam. Mas, para ser coerente, Piaget precisa dizer — como diz realmente — que na mente da criança ainda não existe contraste entre a outra pessoa e o resto do universo. (Ver *The Child's Construction of Reality* — A Construção Infantil da Realidade.)

Se, por outro lado, não aceitamos que o bebê esteja inteiramente preso no egocentrismo, achamo-nos em condições de admitir que seu interesse por outras pessoas seja tão genuíno quanto parece ser, e que alguns tipos de interação pessoal são pelo menos possíveis num estágio inicial: que uma espécie de genuína comunicação de mão dupla possa estar acontecendo. Mas será? Há um certo risco aqui de acreditar em algo por querermos acreditar. Para a maioria dos adultos, é emocionalmente mais satisfatório pensar que o bebezinho que sorri para eles já é uma pessoa do que pensar que os sorrisos e gestos e vocalizações são sobretudo reflexos, não mais que cegos padrões de comportamento sem significado pessoal. Por isso é necessário cautela. Mas muitos pesquisadores que observaram de perto as interações entre mães e bebês pequenos estão agora convencidos de que a impressão de uma resposta pessoal por parte do bebê não é de forma alguma ilusória, e que os esforços de comunicação começam nos primeiros meses de vida. Desse modo, Jerome Bruner apresenta indícios que apóiam a visão de que adulto e criança desde muito cedo podem começar a compartilhar a atenção e a comunicar intenções, e considera esta primeira "mutualidade" o ponto de partida essencial para o aprendizado da linguagem. (Ver "The ontogenesis of speech acts".) Descobertas e argumentos semelhantes são apresentados por Colwyn Trevarthen, que diz que a evidência de mais de cem filmes de interações entre mães e seus bebês de dois ou três meses de idade nos obriga a concluir que uma forma complexa de entendimento mútuo desenvolve-se mesmo nesta idade. Trevarthen acredita que esse tipo de receptividade interpessoal dos primeiros meses seja a fonte de onde brota toda a inteligência humana.

É evidente que, depois que a criança começa a falar, não se pode duvidar da existência das tentativas de comunicação; e, para um observador comum, parece que a capacidade de interação se desenvolve muito rapidamente depois disso. Mas mesmo aqui aparece a questão do egocentrismo.

Foi de fato no decorrer da discussão de suas observações da fala de crianças em idade pré-escolar que Piaget propôs pela primeira vez o egocentrismo como um conceito explanatório, afirmando que, durante boa parte do tempo em que a criança pequena fala, "ela não procura colocar-se no ponto de vista de seu ouvinte". (Ver *The Language and Thought of the Child* — A Linguagem e o Pensamento da Criança.)

Mais uma vez, entretanto, trabalhos posteriores tornavam necessário questionar não a afirmação de que a criança às vezes não consegue fazer isso, mas a suposição de que é sempre incapaz de fazê-lo. Michael Maratsos apresenta um estudo no qual se pediu a crianças pequenas que se comunicassem a respeito de uma série de brinquedos com uma pessoa adulta que estava olhando para os brinquedos ou que fechara os olhos cobrindo-os com a mão. (Na verdade, ela estava enganando a criança, olhando por entre os dedos!) A tarefa da criança era fazer com que o adulto soubesse qual brinquedo era colocado num carro que devia depois descer uma colina; e às vezes — por exemplo, quando havia dois objetos idênticos em posições diferentes — a tarefa exigia bastante dos recursos lingüísticos da criança. Não era fácil para a criança formular descrições como: "aquele que está mais perto do carro". Portanto, muito razoavelmente, quando o adulto podia ver, as crianças resolviam esses problemas a maior parte das vezes só apontando com o dedo. Mas quando acreditavam que o adulto não podia ver, procuravam dar descrições verbais, embora não as fizessem bem. Como observa Maratsos, elas mostravam grande sensibilidade pelo estado do ouvinte. Maratsos, ao explicar o fato de outros investigadores não terem notado tanta sensibilidade desse tipo em crianças pequenas, salienta que ele mesmo lançou mão de uma tarefa muito simples — uma tarefa que as crianças podiam entender prontamente.

Peter Lloyd, num estudo que levanta o mesmo tipo de questão, usou um exercício envolvendo uma conversa com um ursinho de brinquedo, apresentado às crianças como um ser que "não conseguia falar muito bem" e que por isso precisava de sua ajuda para se comunicar. (A voz do ursinho vinha, na verdade, de um adulto escondido num cubículo à prova de som com um vidro que não permitia a visão para dentro.) As crianças ajudavam o ursinho com evidente prazer, e a maioria delas mostrou-se sensível à incompetência do brinquedo, tolerando-a em suas interações com ele.

Lloyd descobriu que, embora as crianças tentassem ajudar o ursinho, não estavam tão prontas a admitir que às vezes elas próprias precisavam de ajuda. Não tinham muita propensão a indicar que haviam recebido uma mensagem imprópria. Não pediram muitas informações adicionais de forma espontânea. Mas muitas delas provaram-se capazes de fazê-lo de forma bastante competente quando explicitamente encorajadas a comunicar ao ursinho quando ele não se expressasse bem. No conjunto, houve poucos indícios da existência do egocentrismo enquanto barreira séria à comunicação.

A conclusão geral parece ser inevitável: crianças em idade pré-escolar não são tão limitadas em sua capacidade de se "descentrarem", ou de apreciarem o ponto de vista de outra pessoa, quanto Piaget afirmou durante tantos anos.

O abandono da crença num egocentrismo infantil pronunciado tem implicações de longo alcance. Mas sua importância será mais bem compreendida se for vista à luz de evidências e argumentos recentes sobre as formas pelas quais as crianças aprendem a usar e a compreender a linguagem. É, portanto, para esta consideração que nos voltaremos agora.

CAPÍTULO 3
O APRENDIZADO DA LINGUAGEM

É moda recente referir-se não à *aprendizagem* da fala, mas à *aquisição* da linguagem. É a conseqüência de uma revolução que ocorreu nos anos 60 e que se deveu ao trabalho do lingüista norte-americano Noam Chomsky. A respeito do desenvolvimento do conhecimento que a criança tem de sua língua, a tese central de Chomsky era — e ainda é — a de que somos congenitamente dotados de um conhecimento das características da linguagem humana — do *tipo* de sistema que ela é. Supõe ele que somos dotados desde o nascimento de uma sensibilidade especial para aqueles traços "universais" das gramáticas da linguagem humana — isto é, os que não são específicos de qualquer língua dada. Assim, somos capazes de reconhecer rapidamente ou de nos "agarrarmos" às formas pelas quais esses traços se manifestam na língua humana particular com que por acaso nos deparamos — chinesa, finlandesa, hebraica ou qualquer outra, conforme o caso.

É de notar, antes de mais nada, que essa perspectiva enfatiza a *gramática*. A ênfase recai sobre o modo como a criança se apropria de seu conhecimento da estrutura da língua, das regras que controlam as formas pelas quais as palavras podem ser combinadas com outras para formar frases aceitáveis.

Esse tópico recebera antes muito pouca atenção dos estudiosos da linguagem infantil, e o trabalho de Chomsky gerou um interesse súbito pelo **problema** — um interesse tão grande que, durante um certo **tempo, quase todos** os outros aspectos do aprendizado da linguagem **foram ignorados**. As pesquisas a que este interesse deu início **pareciam confirmar**, no começo, a afirmação de que as crianças **dominavam a gramática** de sua língua numa idade muito tenra. E este **domínio** parecia indicar que a criança realmente formularia **as regras** por conta própria. Muito se falou do fato de os **erros das crianças** às vezes "revelarem as regras". Dizia-se que, **quando uma** criança fala "I bringed it" [*to bring*, trazer, é um **verbo irregular,** sendo o pretérito *I brought*; a tradução seria "**eu 'trazi' isto**"], deve ter formulado (num certo sentido, embora **provavelmente** não de modo consciente) a regra de que, na língua **inglesa, o** pretérito de um verbo se forma acrescentando *ed* ao tempo presente. Neste caso, o erro teria surgido apenas por ter **sido a regra** aplicada em termos excessivamente gerais, não **tendo a criança** ainda chegado a conhecer as exceções. Em todo **o caso, estava** claro que a criança não aprendera "I bringed it" **por imitação** direta dos adultos, pois não é um erro que estes **tenham muita** probabilidade de cometer.

Foi especialmente **animadora,** contra esse pano de fundo, a descoberta de que as **crianças às vezes** começam dizendo "I brought" corretamente e depois, **durante um** certo tempo, abandonam a forma correta em **favor da forma** errada. Isso fez parecer mais claro que a construção **ativa da** própria gramática pela criança era um processo que **poderia sobrepor**-se a outros tipos de aprendizado; e os estudiosos **da linguagem** infantil passaram muito tempo tentando especificar **a gramática** que uma criança estava usando em qualquer estado **determinado** de seu desenvolvimento. Tentavam fazer esta **especificação** construindo um *corpus* com tantas coisas que a criança **dissera** quantas podiam coletar, e depois procurando deduzir **uma série de regras** que teriam gerado exatamente aquelas **falas**.

Pouca atenção **se deu,** no auge dessa atividade, à questão do que a criança queria **dizer com as** coisas que dizia, e menos ainda à questão de sua **capacidade de** entender as palavras dos outros. Mas, em geral, **supunha-se que** esse entendimento normalmente viria antes de sua capacidade de falar. A máxima era "A compreensão precede a produção". Parecia algo dito pelo senso comum, e as pesquisas feitas pareciam sustentá-lo, de forma geral. (Mas veja a discussão no Capítulo 6, pp. 65-8.)

Para entender a importância que o trabalho sobre a gramática infantil parecia ter há uma década, é necessário pensar nele em relação às idéias então dominantes a respeito de outros aspectos do desenvolvimento mental. Em particular, o trabalho sobre linguagem infantil deve ser visto em relação à obra de Piaget e à sua afirmação de que a criança com menos de sete anos é de muitas formas extremamente limitada em sua capacidade de pensar e raciocinar. Já vimos que não se supõe que a criança piagetiana em idade pré-escolar saiba qual a aparência de um objeto visto de um outro ângulo. Para fornecer mais alguns exemplos de suas limitações, supõe-se que a criança pense que, ao derramar-se a água de uma jarra em outra jarra de forma diferente, muda-se a quantidade de água. Além disso, não se supõe que perceba que, se uma varinha vermelha é mais comprida que uma varinha amarela, e a varinha amarela é mais comprida que uma varinha azul, então a varinha vermelha deve ser mais comprida que a azul; e assim por diante.

Em meados da década de 60, produzira-se em Genebra durante anos uma torrente de pesquisas, todas elas tendendo à mesma conclusão: a criança com menos de sete anos é muito restrita intelectualmente. Desenvolve capacidades consideráveis num nível prático, dominando-as rapidamente durante os primeiros dezoito meses de vida. Mas não tem muito de um pensador.

Durante os anos 60, esse trabalho de Piaget e seus colegas esteve no auge de sua influência. Era muito conhecido e muito bem-aceito.

Contra esse pano de fundo, as afirmações sobre a criança em sua condição de ser gramatical foram dramáticas. Como se explicaria que uma criança, que por um lado lutava com tantas coisas que pareciam extremamente simples e óbvias para um adulto, poderia, por outro lado, elaborar sozinha as regras de um sistema tão complexo como a linguagem humana?

A esta questão, Chomsky propôs uma resposta: a criança deve ter uma predisposição *muitíssimo específica* para entender esse tipo de sistema. Deve nascer com um "dispositivo de aquisição de linguagem"[1].

O dispositivo de aquisição de linguagem, ou LAD, como ficou conhecido, era representado como uma espécie de caixa. Nesta "caixa" (que se situava presumivelmente em algum lugar do sistema nervoso central, embora não fosse literalmente uma caixa, é lógico) entrariam, através dos ouvidos da criança, dados lingüísticos — dados muitas vezes extremamente fragmentários, os fragmentos do discurso que a criança escutava à sua volta. Mas o dispositivo seria tão bem sintonizado com os traços essenciais da linguagem humana que, a partir destes dados insuficientes, poderia extrair as regras da gramática — um dispositivo tão sensível e bem preparado que poderia produzir quase imediatamente as hipóteses corretas sobre quais seriam estas regras.

Essa idéia revelou-se extraordinariamente persuasiva. Quase todos os que se dedicavam a disciplinas afins sucumbiram, ao menos durante algum tempo, a seu poder de sedução. Uma de suas conseqüências foi colocar os seres humanos muito firmemente à parte dos outros mamíferos, que evidentemente careciam de tal dispositivo. Sem dúvida, a idéia de que o homem se distingue dos outros animais por sua capacidade de aprender a linguagem não era uma idéia nova. Mas essa noção de um LAD humano especial proporcionou um novo tipo de enfoque para o antigo *apartheid*[2].

---

1. Não quero sugerir que o próprio Chomsky tenha sido diretamente influenciado pela obra de Piaget ao postular o dispositivo de aquisição de linguagem. Mas penso que, para muitos psicólogos, as afirmações de Chomsky se tornaram mais notáveis e interessantes ao serem considerados no contexto das descobertas piagetianas. Por outro lado, a teoria de Piaget conflita de muitas maneiras com a posição chomskyana. Seria preciso um livro inteiro para fazer justiça às relações entre os dois.

2. Mas, em junho de 1966, dois psicólogos norte-americanos, Allen e Beatrice Gardner, já estavam empenhados na tarefa aparentemente irrealizável de ensinar a linguagem norte-americana dos surdos-mudos a Washoe, um chimpanzé — tarefa que não se mostrou tão irrealizável assim.

Em 1965, Chomsky apresentou sua posição da seguinte forma:

Parece evidente que a aquisição da linguagem baseia-se na descoberta, por parte da criança, daquilo que, de uma perspectiva formal, é *uma teoria profunda e abstrata* — uma gramática geradora de sua linguagem —, muitos de cujos conceitos e princípios *têm com a experiência apenas uma relação remota*, que se faz mediante cadeias longas e complexas de passos quase-inferenciais inconscientes. (grifos meus)

Antes de Chomsky, a proximidade entre o processo de aprendizado da linguagem e a experiência era considerada o principal. Essa ênfase está voltando agora, mas numa forma muito diferente.

Nas décadas de 30, 40 e 50 havia uma concepção a respeito do modo de aprender a linguagem que, em suas linhas gerais, ficou praticamente inconteste durante todo aquele período. Existiam muitas teorias variantes, mas a noção básica era a de que uma palavra adquiria seu sentido por ocorrer *junto com* a coisa que queria significar ou *representar*. A linguagem era concebida como uma vasta rede de elos associativos entre elementos distintos: palavras individuais e "coisas" individuais. Desse modo, a história do aprendizado da linguagem por parte da criança era a história da formação e do fortalecimento dessas ligações. E, às vezes, a descrição seguinte era apresentada para explicar como o processo começava.

Ao cuidar de seu bebê, a mãe normalmente pronuncia sons da fala humana. A criança tem uma tendência natural a emitir sons aleatórios. Alguns dos sons do bebê se parecem com os que a mãe faz, e por isso ficam associados com o alívio e a satisfação que sua presença e seus cuidados lhe trazem. O bebê então tende a emitir esses sons com uma freqüência maior que outros de seu repertório — e aos poucos descobre que esses sons não só o satisfazem como também produzem respostas desejáveis de seus pais. Assim, o bebê começa a *usá-los*.

Não é aqui o lugar de discutir o modo como, partindo de uma ou outra versão dessa perspectiva "associacionista", os psicólogos procuravam explicar o desenvolvimento global da linguagem em toda a sua riqueza e flexibilidade. Suas tentativas eram às vezes engenhosas. Conseguiram alguns êxitos parciais, que pareciam promissores. No fim, todos fracassaram.

A revolução chomskyana foi uma revolta contra eles; e o ataque de Chomsky à importância da experiência foi a bandeira que reuniu os rebeldes. Uma criança com um dispositivo de aquisição de linguagem tinha de fato necessidade de experiências, mas só para acionar processos que, depois disso, dependeriam muito pouco dessas mesmas experiências.

Na década de 70, outra revolta começou. Foi mais moderada e lhe faltava um líder poderoso; mas reuniu forças.

Em 1972, John Macnamara escreveu uma dissertação que vira de ponta-cabeça o argumento de Chomsky sobre o dispositivo de aquisição de linguagem. Em lugar de dizer que as crianças têm um "dispositivo de aquisição" cujo conteúdo se restringe especificamente à linguagem, tendo como resultado que a aquisição da linguagem se coloca muito à frente das outras capacidades mentais, Macnamara afirma que as crianças são capazes de aprender a linguagem exatamente por possuírem certas outras capacidades — e especificamente por terem uma capacidade relativamente bem desenvolvida de dar sentido a certos tipos de situação que envolvem uma interação humana direta e imediata.

Para entender como isso funcionaria, imagine, por exemplo, a seguinte cena: uma inglesa está em companhia de uma árabe e seus dois filhos, um menino de sete anos e uma menininha de um ano e um mês que está começando a andar, mas que tem medo de dar mais que alguns passos sem ajuda. A inglesa não fala árabe, a mulher árabe e seu filho não falam inglês.

A menininha anda em direção à inglesa e volta para a mãe. Depois se vira como se fosse na direção da inglesa mais uma vez. Mas esta agora sorri, aponta para o menino e diz: "Ande até o seu irmão desta vez." O menino, *entendendo a situação* imediatamente, embora não entenda uma palavra de inglês, abre os braços. O bebê sorri, muda de direção e caminha até o irmão. Como o irmão mais velho, ela parece ter entendido perfeitamente a situação.

Esses eventos ocorreram da forma como os descrevi. A coisa notável é que as palavras "Ande até o seu irmão desta vez" eram tais que se encaixaram com total perfeição nos padrões de interação. Todos os participantes entenderam a situação, no sentido de terem compreendido as intenções uns dos outros. A linguagem era desnecessária, mas foi utilizada — e seu sentido era muito previsível no contexto humano de sua ocorrência. O que as pessoas queriam dizer estava claro. Em princípio, o significado das palavras podia ser derivado daí.

É evidente que algum tipo de associação está envolvido aqui — e é, de fato, essencial para esta explicação do que está acontecendo. É possível decifrar o que as palavras significam porque elas ocorrem *junto com* certos eventos não-lingüísticos. Toda a natureza da explanação é diferente, pois implica uma concepção totalmente diversa da natureza da mente humana.

A antiga idéia era a de que as associações se constituíam de maneiras bastante mecânicas e automáticas. Eram os elos entre elementos isolados. A pessoa em quem estes elos se desenvolviam era passiva. Algo lhe acontecia e, como resultado, estabelecia-se uma associação entre, digamos, uma palavra e uma coisa. As associações vinham primeiro. O "significado" só existia como conseqüência do processo (condicionador) pelo qual as associações eram estabelecidas.

A nova explicação difere desta da maneira mais fundamental. Agora se diz que a coisa primordial é a apreensão do significado — a capacidade de "dar sentido" às coisas e, sobretudo, de dar sentido ao que as pessoas fazem, o que sem dúvida inclui o que as pessoas dizem. Segundo essa visão, é a capacidade de a criança interpretar as situações que lhe possibilita, através de processos ativos de fazer inferências e testar hipóteses, chegar a um conhecimento da linguagem.

Mas há uma condição importante que deve ser satisfeita para que esta explicação tenha validade: a criança deve ser, de forma geral, capaz de fazer inferências. Pois não se afirma mais que, quando a criança aprende a linguagem, está usando capacidades muito específicas dessa tarefa. Ao contrário, o aprendizado da linguagem é agora apresentado como intimamente conexo a todos os outros aprendizados em curso.

Com efeito, o aprendizado da linguagem talvez permaneça por muito tempo ligado a questões não-lingüísticas, de forma mais inextricável do que parecia em tudo quanto se disse até agora. Talvez o trajeto que vai da compreensão primária do que as pessoas querem dizer com as palavras que falam e os atos concomitantes até a compreensão última e distinta do que as *palavras* significam seja muito, muito longo. Talvez a idéia de que as palavras signifiquem algo — isoladamente — seja uma noção adulta extremamente sofisticada, e, aliás, uma noção adulta ocidental.

Heinz Werner conta a história de um explorador interessado na língua de uma tribo de índios norte-americanos e que pediu a um índio para traduzir em sua língua a frase: "O homem branco matou seis ursos hoje." O índio disse que era impossível. O explorador ficou surpreso e pediu-lhe que se explicasse. "Como posso fazer isso?", perguntou o índio. "Nenhum homem branco é capaz de matar seis ursos num só dia."

Para os adultos ocidentais, e principalmente para os adultos ocidentais lingüistas, as línguas são sistemas formais. Um sistema formal pode ser manipulado de maneira formal. É fácil, mas perigoso, passar daqui para a conclusão de que também é aprendido de maneira formal.

O LAD de Chomsky é um processador formal de dados, à sua moda tão automático e mecânico quanto os processos do tipo associacionista. Entram os dados lingüísticos, sai uma gramática. Tanto num caso como no outro, a criança viva não parece engajar-se no processo de modo muito ativo (para não dizer "pleno"). Que importância tem o sangue quente nas veias? Na verdade, este parece estar mais presente em algumas explicações associacionistas do que na chomskyana.

CAPÍTULO 4
FALTA DE RACIOCÍNIO OU FALTA DE COMPREENSÃO?

A expressão "inferência dedutiva" pode sugerir algo assustador. Mas, basicamente, a inferência dedutiva é muito simples: é chegar à conclusão de que, se algo é verdadeiro, uma outra coisa também deve ser.

Eis um exemplo: se o número de balas de uma caixa vermelha é maior que o de uma caixa verde, e se o número da caixa verde é maior que o de uma caixa azul, então o número da caixa vermelha é maior que o número da caixa azul. Esta conclusão é evidente por si mesma para qualquer adulto normal.

Podemos formular a essência desse raciocínio de diversas maneiras. A verdade das duas primeiras afirmações — as premissas — torna a verdade da terceira afirmação — a conclusão — *necessária*. Se as duas primeiras são verdadeiras, então nada mais é *possível* além de a terceira também ser verdadeira. A verdade das duas primeiras afirmações não é *compatível* com a falsidade da terceira.

As noções fundamentais são compatibilidade, possibilidade e necessidade. Ninguém a quem faltasse totalmente o sentido delas poderia fazer inferências dedutivas. (Claro que não há necessidade alguma de conhecer estas palavras ou de ter refletido nestas idéias.)

As noções de compatibilidade, possibilidade e necessidade estão muito intimamente conexas entre si, mas talvez se possa dizer que a compatibilidade é a mais fundamental. Ter senso de compatibilidade e incompatibilidade equivale a entender que vivemos num mundo onde a existência de um estado de coisas às vezes exclui a existência de outro. Isso é tão fundamental que é impossível imaginar um "mundo real" onde isso não fosse verdade. Se um objeto é uma árvore, não pode ser um aeroplano ao mesmo tempo; se é um círculo, não pode ser também um quadrado; se é maior que outro objeto, não pode ao mesmo tempo ser menor que ele.

Assim que a linguagem é usada para descrever o mundo, mesmo de forma rudimentar, surgem questões de compatibilidade. O uso de qualquer forma de linguagem para fazer afirmações descritivas deve repousar sobre o reconhecimento de que certos estados de coisas não podem coexistir. Assim que a criança identifica um objeto como um cão, dizendo "Aquele au-au", sua afirmação é incompatível com um número infinito de outras que poderiam ser feitas. Afirmar é também negar. E se a criança não reconhece isso de certa forma, não tem como expressar uma fala significativa, nem entender o que outras pessoas querem dizer ao falar com ela. Por outro lado, o enunciado "Aquele au-au" é evidentemente *compatível* com muitos outros — como, por exemplo "É marrom"; "É grande"; "É um spaniel". A criança precisa aprender quais enunciados são compatíveis entre si e quais não são.

Parece provável que o primeiro reconhecimento daquilo que uma fala *exclui* seja realmente muito indistinto. E talvez demore um pouco até que a percepção fundamental de que certas coisas não podem ocorrer juntas seja usada como forma de aumentar o conhecimento. Pois esta é, na prática, a utilidade da inferência dedutiva. Significa que há algumas coisas que podemos saber sem verificá-las diretamente. Dadas certas informações, podemos ter certeza de outras coisas das quais não temos provas diretas — coisas que talvez não tenhamos condições de verificar, mas nas quais, apesar disso, podemos confiar. Para um ser que tem de enfrentar um mundo complexo, trata-se evidentemente de uma capacidade muito valiosa. E o desenvolvimento desta capacidade interessa muito a qualquer pessoa voltada para a compreensão do desenvolvimento mental.

Dizer que um certo senso de compatibilidade e incompatibilidade é essencial para a inferência dedutiva não equivale, é claro, a dizer que é suficiente. Piaget considera crucial o desenvolvimento da capacidade de descentrar. Seu argumento é o de que a elaboração de inferências requer a capacidade de mudar de ponto de vista de maneira flexível.

Para exemplificar o que ele quer dizer, vamos considerar um exercício elaborado por ele e que está relacionado com uma questão pela qual os lógicos têm tradicionalmente um interesse enorme: a relação de uma classe de objetos com suas subclasses. Toda classe pode, em princípio, ser dividida em subclasses de várias maneiras. Por exemplo: a classe dos brinquedos pode ser dividida entre aqueles que representam animais, como os ursinhos, e aqueles que não representam animais. Dada uma tal subdivisão, várias inferências simples são possíveis, como as de que todos os animais de brinquedo são brinquedos; que alguns dentre (mas nem todos) os brinquedos são animais de brinquedo; e assim por diante. Mas a inferência fundamental é que, se existem duas ou mais subclasses, e cada qual contém no mínimo um membro, então o número de objetos da classe total tem de ser maior que o número de qualquer subclasse: o número de brinquedos deve ser maior que o número de animais de brinquedo.

Tudo isso parece evidente por si mesmo, como ocorre com certas inferências elementares. Será que é assim para a criança? Piaget afirma que, antes de seis ou sete anos, isso não é absolutamente evidente por si mesmo, e defende sua afirmação como se segue.

Mostra-se à criança um número de objetos familiares — digamos, um buquê de flores, ou uma certa quantidade de contas. Quaisquer que sejam os objetos escolhidos, devem ser divididos em duas subclasses de maneira bem óbvia: algumas flores devem ser vermelhas, outras brancas, algumas contas devem ser de madeira, outras de plástico, e assim por diante. A quantidade de objetos das duas subclasses também deve, segundo a versão normal do exercício, ser diferente. (Ver *The Child's Conception of Number* — A Concepção Infantil do Número — [de Piaget] e *The Early Growth of Logic in the Child* — Os Primórdios da Lógica Infantil — [de Inhelder e Piaget].)

Suponha que haja de fato quatro flores vermelhas e duas flores brancas. A questão que a criança deve responder é, portanto: há mais flores vermelhas ou mais flores? E a resposta habitual de uma criança, digamos, de cinco anos, é que há mais flores vermelhas.

Essa descoberta provocou muitas controvérsias e muitas pesquisas além daquela que a produziu inicialmente. Mas a primeira coisa a considerar é a explicação do próprio Piaget.

Ele observa que se você perguntar a uma criança que deu essa resposta o que sobraria se você tirasse as flores vermelhas, ela lhe responderia prontamente "as flores brancas"; e se você lhe perguntar o que sobraria se você tirasse todas as flores, ela lhe diria "nada". Parece, portanto, que a criança sabe o que estes termos significam, e parece saber de certa forma que o conjunto inteiro é mais numeroso que o subconjunto. Mas esta segunda maneira de perguntar lhe permite pensar sucessivamente na classe inteira (as flores) e nas subclasses (as vermelhas e as brancas). A outra forma de perguntar (Há mais flores ou mais flores vermelhas?) requer que pense nelas simultaneamente. Bem, Piaget afirma que, se a criança *centra-se* na classe inteira, não consegue ao mesmo tempo pensar nas partes que a compõem. Desse modo, a comparação aparentemente simples do todo com a parte é impossível. Falta à criança o tipo particular de flexibilidade mental que isso requer. Seu pensamento ainda é uma sucessão de quadros separados das coisas, mal coordenados entre si (cf. p. 8). Por isso não consegue raciocinar sobre as relações entre eles.

Supõe-se que essa deficiência seja geral. A resposta da criança pequena ao exercício de "inclusão em classes" é vista como apenas uma manifestação de uma limitação muitíssimo importante e difundida que, normalmente, é superada por volta dos sete anos de idade, quando, segundo a terminologia piagetiana, o pensamento da criança se torna "operacional". ("Operacional", tal como usado por Piaget, é um termo técnico. Ver o Apêndice.)

Já vimos que há bons motivos para duvidar da afirmação de que a dificuldade da criança em se descentrar seja tão severa e geral quanto afirma Piaget. Mas nenhuma das pesquisas que discutimos até agora lida explicitamente com algum dos exercícios que Piaget toma como indícios do surgimento do pensamento operacional. Seria inteiramente possível que as dificuldades de descentralização ocorressem quando se apresenta à criança um exercício como o de inclusão em classes, mesmo que não surja em certos outros contextos. Portanto, o estudo direto destes exercícios faz-se necessário. Uma série muito esclarecedora de experimentos foi planejada e executada por James McGarrigle há alguns anos, para verificar se a explicação piagetiana resistiria realmente a um exame rigoroso.

Não há muita dúvida a respeito do que a criança *faz* ao cometer o erro costumeiro e dizer que há mais flores vermelhas do que flores: compara uma subclasse com a outra subclasse. Suas observações espontâneas costumam deixar isso muito claro. Pode dizer: "Mais flores vermelhas porque só há duas brancas", e assim por diante. A questão é: por que compara uma subclasse com outra? Será porque *não consegue* comparar uma subclasse com uma classe, como afirma Piaget? Ou será por pensar que é isso que se espera que faça?[1] Será que acontece mais uma vez um *problema de comunicação*?

Se esta segunda explicação está correta, deve ser possível encontrar formas diferentes de apresentar o exercício que o tornem mais fácil ou mais difícil; e também deve ser possível descobrir

---

1. Há também a possibilidade de a criança saber o que se espera que ela faça, ser capaz de fazê-lo, mas preferir não o fazer, por não estar disposta a entrar no jogo do experimentador. Isso pode acontecer ocasionalmente, mas poucas crianças dão sinal de serem perversas assim. A coisa surpreendente é a disposição que em geral têm de fazer qualquer coisa que se lhes peça.

exatamente o que leva a criança a interpretar mal a pergunta que lhe é feita.

Notem que mesmo um adulto, de início, pode interpretar mal esta pergunta; mas a repetição da pergunta, talvez com mais ênfase na palavra *flores*, possibilita-lhe rapidamente o entendimento da questão. Em geral, isso não é suficiente para fazer uma criança pequena mudar de idéia, mas dá a entender que uma ênfase maior à classe total poderia ser eficaz; assim como poderia ser eficaz a redução da ênfase no contraste entre as subclasses.

McGarrigle tentou várias formas de conseguir ambos os efeitos. Em relação ao primeiro, usou quatro vacas de brinquedo, três delas pretas e uma branca. Colocou todas as vacas deitadas e explicou que estavam "dormindo". O experimento baseou-se então na comparação da dificuldade apresentada por duas formas diferentes de perguntar:

1. Há mais vacas pretas ou mais vacas? (a forma-padrão de Piaget); e
2. Há mais vacas pretas ou mais vacas dormindo?

Para ambas as perguntas, as vacas foram de fato postas deitadas: as situações eram idênticas, exceto pelas palavras usadas na pergunta. O argumento de McGarrigle é que a introdução da palavra "dormindo" aumentaria a ênfase dada à classe total.

A média de idade das crianças era de seis anos. A pergunta 1 foi respondida corretamente por 25% do grupo (12 crianças); a pergunta 2 foi respondida corretamente por 48% do grupo (23 crianças). A diferença era estatisticamente significativa — havia apenas uma chance em cem de ter-se obtido esse resultado apenas por acaso. E uma descoberta muito parecida foi feita com um outro estudo. Portanto, a manipulação das palavras da pergunta de modo a variar a ênfase colocada na classe total afetou realmente a dificuldade.

Para observar o efeito da variação da ênfase no contraste entre as subclasses, McGarrigle usou outros materiais. Desta vez utilizou um ursinho de pelúcia, uma mesa e uma cadeira de brinquedo, colocados em seqüência. Quatro discos, aos quais se referia como "passos", separavam o ursinho da cadeira; mais dois discos situavam-se entre a cadeira e a mesa, assim:

Este material deu a McGarrigle uma série de vantagens. A principal foi que poderia variar o contraste perceptivo entre as subclasses (todos os passos poderiam ser da mesma cor, ou, como alternativa, os passos do ursinho até a cadeira poderiam ser de uma cor, enquanto os passos da cadeira à mesa seriam de outra) e, ao mesmo tempo, poderia variar a forma de se referir aos passos, mencionando a cor ou deixando-a de fora. Desse modo, poderia comparar os efeitos de variáveis perceptivas com os de variáveis lingüísticas.

No primeiro experimento que McGarrigle realizou com esse material, os quatro passos até a cadeira eram vermelhos e os outros dois eram brancos. Dizia-se à criança que o ursinho sempre dava estes passos para ir até sua cadeira ou até sua mesa. Usaram-se então duas formas de pergunta:

1. Há mais passos vermelhos para chegar até a cadeira ou mais passos para chegar até a mesa?
2. Há mais passos para chegar até a cadeira ou mais passos para chegar até a mesa?

Num grupo de 32 crianças, 38% (12 crianças) responderam corretamente à pergunta 1, enquanto 66% (21 crianças) responderam corretamente à pergunta 2. Essa diferença era estatisticamente significativa, havendo cerca de duas chances em cem de se dever apenas ao acaso.

Neste experimento, o contraste *perceptivo* estava sempre presente; mas uma das formas de perguntar fazia referência a esse contraste, ao passo que a outra não fazia.

Vamos considerar agora o que acontece quando não há contraste perceptivo. Se todos os passos forem brancos, ainda será possível incluir o adjetivo de cor em um caso e excluí-lo no outro. McGarrigle fez isso num segundo estudo, usando um grupo diferente de crianças, mas descobriu que neste caso a variação na forma da pergunta faz uma diferença muito menor. Quando o adjetivo "branco" foi incluído ("Há mais passos brancos para chegar até a cadeira ou mais passos para chegar até a mesa?"), 56% das crianças responderam corretamente. Quando foi omitido ("Há mais passos para chegar até a cadeira ou mais passos para chegar até a mesa?"), 69% delas responderam corretamente. Essa diferença não era estatisticamente significativa, isto é, não podemos concluir que uma das perguntas era genuinamente mais difícil para as crianças que a outra.

Embora não houvesse diferença entre as formas de perguntar, poder-se-ia esperar que a ausência de contraste *perceptivo* tornasse este exercício mais fácil, em termos gerais, do que o exercício anterior, em que alguns dos passos eram vermelhos. Note que esse efeito não se verificou. A pergunta básica: *Há mais passos até a cadeira ou mais passos até a mesa?* foi respondida corretamente por uma proporção quase igual de crianças (de um grupo de sujeitos diferentes), quer os passos fossem todos da mesma cor, quer fossem bem contrastados.

Estas são descobertas importantes. Nem o contraste perceptivo nem a mudança de palavras fizeram diferença isoladamente. Os dois juntos fizeram uma diferença considerável. Também é interessante notar que a mudança de enunciado que causou essa diferença, quando havia também o contraste perceptivo, foi muito pequena: a inserção ou omissão de um único adjetivo.

O exercício dos "passos" pode parecer muito diferente do exercício-padrão piagetiano de inclusão em classes, mas é bem análogo a uma variante usada pelo próprio Piaget. Às vezes ele usava como material uma série de contas — todas elas de madeira, a maioria marrom, algumas brancas — e, neste caso, perguntava quais dariam um colar mais comprido: as contas marrons ou as contas de madeira. E a criança pequena respondia tipicamente: "As marrons, porque só há duas brancas." Mas este material, ao contrário do de McGarrigle, não possibilitava manipular as variáveis lingüísticas e perceptivas relevantes de modo a diminuir o contraste entre as subclasses. O contraste perceptivo estava necessariamente presente: as contas não poderiam ser todas da mesma cor, ou não haveria forma de se referir a subclasses. E, pelo mesmo motivo, o contraste tinha de ser sempre marcado no enunciado da questão. Tratava-se, portanto, da situação que McGarrigle provou ser a de máxima dificuldade para a criança.

McGarrigle, por outro lado, conseguiu descobrir uma forma de enunciado mais fácil ainda que qualquer das discutidas até agora. Ele fez a pergunta: "É mais longe para o ursinho ir até a cadeira ou mais longe ir até a mesa?" Bem, a essa altura, não se pode falar propriamente de inclusão de *classe*, e sim de inclusão de uma distância em outra. Mas o mais interessante é que não só essa forma de perguntar era mais fácil (72% de êxito em um estudo, 84% em outro), como também, depois que as outras perguntas foram repetidas em seguida a ela, foram consideravelmente facilitadas. A pergunta "Há mais passos para chegar até a cadeira ou mais passos para chegar até a mesa?" foi agora respondida corretamente por 88% das crianças, e até mesmo a versão dos "passos vermelhos" levou a 53% de acertos.

Parece que a pergunta *qual é mais longe?* ajuda as crianças a aprenderem o que o experimentador deseja que considerem; e, depois de apreenderem isso, podem conseguir conservar seu sentido mesmo diante de enunciados que, de outro modo, tenderiam a levá-las ao erro.

Mas um número grande de crianças continuou achando o enunciado dos "passos vermelhos" intratável: no experimento que acabamos de considerar, 47% persistiram em responder em termos de comparação de subclasses quando os "passos vermelhos" eram mencionados. Isso nos leva a perguntar-nos se a forma de interpretação das crianças tem alguma relação com seu entendimento da situação de inclusão *per se*, ou se decorre de algo muito mais geral.

Para responder a isso, é necessário examinar formas semelhantes de perguntas em contextos em que a inclusão não aparece. McGarrigle fez isso, tanto com as vacas e cavalos de brinquedo quanto com o ursinho e seus passos.

Organizou vacas e cavalos de brinquedo de cor branca e preta dos dois lados de um muro, frente a frente, da seguinte forma:

	Vacas		
P	P	B	B
P	P	P	B
	Cavalos		

Então fez uma série de perguntas às crianças, das quais a seguinte é um exemplo:

Há mais vacas ou mais cavalos pretos?

Entre 36 crianças, só 5 (14%) responderam esta pergunta corretamente. Por que as outras erraram?

É evidente que a explicação de Piaget não serve. Está fora de cogitação considerar aqui a inclusão ou o fato de ter de pensar simultaneamente numa totalidade e nas partes que compõem esta totalidade. Mas não há dúvida sobre o que as crianças fazem. A maior parte das vezes, elas comparam os cavalos pretos com as vacas pretas, pois fazem observações do tipo: "Há mais cavalos pretos porque só há duas vacas pretas."

Uma versão do experimento dos "passos" que não envolve inclusão levou a uma descoberta semelhante. Desta vez, o ursinho, a cadeira e a mesa são organizados, não em linha reta, mas na forma mostrada pelo diagrama à página 39. Assim, os "passos até a cadeira" não constituem um subconjunto dos "passos até a mesa". As perguntas foram exatamente as mesmas da versão original de "inclusão", ou seja:

1. Há mais passos vermelhos para chegar até a cadeira ou mais passos para chegar até a mesa?
2. Há mais passos para chegar até a cadeira ou mais passos para chegar até a mesa?

E, assim como antes, a pergunta 1 foi significativamente mais difícil. As observações das crianças mostravam que, às vezes, elas comparavam os "passos vermelhos até a cadeira" com o subconjunto de passos vermelhos até a mesa. Mas, às vezes, a comparação feita era com o subconjunto de passos brancos. E ocasionalmente parecia que as crianças estavam respondendo a uma pergunta bem diferente, pois diziam coisas como: "Há vermelho em todo o caminho (até a cadeira), mas há branco aí", ou "São todos vermelhos lá". Era como se estivessem respondendo a uma pergunta que seria mais ou menos assim: "Há mais passos vermelhos entre os passos que vão até a mesa — ou há mais passos vermelhos entre os passos que vão até a cadeira?" — isto é, uma pergunta que pedia uma certa comparação de proporções.

Em todo caso, as questões que as crianças estavam respondendo não eram, com freqüência, as questões propostas pelo experimentador. As interpretações das crianças não correspondiam à intenção do experimentador; nem poderiam ser consideradas normais, dadas as regras da linguagem. As crianças não sabiam o que o experimentador queria dizer; e somos tentados a pensar que não pareciam saber rigorosamente o que a linguagem queria dizer. Ou, se isso parecer forte demais, é preciso dizer ao menos que algo além das "regras da linguagem" estava moldando sua interpretação — algo talvez como uma expectativa sobre a pergunta que seria feita, uma expectativa que poderia ser influenciada pela natureza do material experimental. Mas é essencial notar que não podemos concluir que as crianças, de maneira geral, não se *davam o trabalho* de prestar atenção à linguagem — pois é preciso lembrar o efeito decisivo, em alguns dos estudos, da inclusão ou omissão de uma única palavra.

CAPÍTULO 5
O QUE *É* E O QUE *DEVE SER*

Piaget não estava sozinho ao afirmar que as crianças pequenas são incapazes de fazer inferências que, para um adulto, parecem elementares. Partindo-se de um tipo de teoria psicológica completamente oposto ao seu, é possível tirar exatamente a mesma conclusão. Um dos mais eminentes psicólogos associacionistas — ou behavioristas —, Clark Hull, afirmava que a essência do raciocínio reside em unir dois "segmentos comportamentais" de uma forma nova, nunca antes realizada de fato, de modo a atingir uma meta. Podem-se levantar sérias objeções contra esta forma de definir o raciocínio, mas vamos aceitá-la por enquanto e ver o que acontece quando estudamos o pensamento infantil guiado pela concepção hulliana.

Quando Hull fala em unir dois "segmentos comportamentais", fala dentro de um contexto determinado pelos estudos de ratos aprendendo a percorrer labirintos — estudos muito populares entre os behavioristas. Um "segmento comportamental" era então exemplificado pela corrida de um ponto do labirinto a outro.

A asserção era a seguinte: suponha que você organize o labirinto como o diagrama à página 42. Agora suponha que um rato aprenda a correr de A até B para obter uma pequena recompensa; e de A até C para obter uma recompensa igualmente pequena; e de C até D para obter uma recompensa muito maior (todas estas porções de aprendizado ocorrendo em ocasiões diferentes). Se você então o colocar no Ponto A e ele escolher o caminho A-C-D, em vez do caminho A-B, ele deve estar *raciocinando* que pode chegar a D por aquele caminho, pois nunca antes *foi* realmente de A a D por aquele caminho.

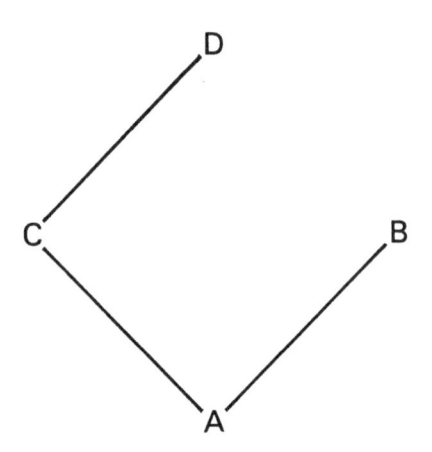

Claro, há 50% de probabilidade de que aquele caminho seja tomado ao acaso, sem nenhum tipo de raciocínio. Mas se um grande número de ratos o tomasse, seria indício de raciocínio por parte dos roedores.

Estes indícios não se verificaram de fato. Os ratos, aparentemente, não concebem as coisas desta forma.

O mais estranho é que foram obtidas evidências que fazem parecer que as crianças com menos de sete anos também não concebem as coisas desta forma.

Dois seguidores de Clark Hull, Howard e Tracy Kendler, elaboraram um teste para crianças explicitamente baseado em princípios hullianos. O teste não envolvia, porém, a corrida por um labirinto. Em vez disso, deu-se às crianças a tarefa de aprender a operar uma máquina de modo a ganhar um brinquedo. Para conseguirem isso, tinham de percorrer uma seqüência de dois estágios correspondentes aos segmentos do labirinto. As crianças foram treinadas em cada estágio separadamente. Os estágios consistiam apenas em pressionar o botão correto, entre dois botões, para ganhar uma bola de gude; e em inserir uma bola de gude num buraquinho para fazer o brinquedo aparecer.

Os Kendlers descobriram que as crianças conseguiam aprender as partes separadas com bastante rapidez. Dada a tarefa de obter uma bolinha de gude pressionando um botão, conseguiam ganhar a bolinha; dada a tarefa de obter um brinquedo quando uma bolinha lhes era oferecida, conseguiam usar a bolinha. (Tudo quanto tinham a fazer era colocá-la num buraco.) Mas a maior parte das vezes não conseguiam "integrar", para usar a terminologia dos Kendlers. Não pressionavam o botão para obter a bolinha e, sem outra ajuda, usá-la para obter o brinquedo. Desse modo, os Kendlers concluíram que elas eram incapazes, como os ratos, de raciocínio dedutivo. Esse trabalho foi feito nos anos 60. Não é de surpreender que Chomsky conseguisse convencer tão prontamente as pessoas da necessidade de postular um dispositivo altamente específico para a aquisição da linguagem.

Por outro lado, os resultados dos Kendlers devem parecer profundamente intrigantes para qualquer pessoa que já tenha observado crianças num quarto de brinquedos ou ouvido suas conversas, e que realmente tenha em mente os dois tipos de dados.

Eis aqui um exemplo impressionante do tipo de raciocínio que as crianças parecem capazes de fazer quando se observa seu comportamento espontâneo, em contraposição a seu comportamento ao serem testadas.

Essa interação foi gravada, de modo que pode ser citada com muita precisão. Ocorreu logo depois da morte de Donald Campbell, quando estava tentando quebrar o recorde mundial de velocidade na água, e alguns meses depois da visita de um pesquisador chamado Robin Campbell à escola onde a conversa aconteceu. Os participantes desta conversa foram uma menininha de cinco anos e outro pesquisador.

CRIANÇA: "É aquele sr. Campbell que veio aqui — *morto*?"
(Ênfase dramática na palavra "morto".)

PESQUISADOR: "Não, tenho certeza de que ele não está morto." (Muito surpreso.)
CRIANÇA: "Bem, então deve haver dois srs. Campbell, porque o sr. Campbell está morto, embaixo d'água."

Esta criança reuniu, se não dois "segmentos comportamentais", duas informações bem distintas: *O sr. Campbell que veio aqui não está morto* e *o sr. Campbell está morto*, e tirou uma conclusão válida, que apresenta como uma conseqüência necessária: "... então *deve haver* dois srs. Campbell..." Seu raciocínio envolve a compreensão de que a existência de uma pessoa viva é incompatível com a morte da mesma pessoa. Portanto, se o sr. Campbell está morto e o sr. Campbell está vivo, simplesmente deve haver dois deles!

Como é possível que crianças de cinco anos sejam capazes de um raciocínio como esse, e no entanto não consigam "integrar" dois segmentos comportamentais muito simples, aprendidos em separado, num exercício como aquele usado pelos Kendlers?

O mistério parece aumentar quando ficamos sabendo, por Michael Cole e seus colegas, que membros adultos de uma determinada cultura africana parecem também não conseguir realizar o exercício dos Kendlers. Mas diminui, por outro lado, quando ficamos sabendo que um exercício rigorosamente análogo ao dos Kendlers foi elaborado e mostrou-se muito mais fácil de resolver pelos africanos adultos.

Em vez de uma máquina com botões para apertar, Cole usou uma caixa trancada e duas caixinhas de fósforos de cores diferentes, uma das quais continha a chave que abriria a primeira caixa. Note que ainda há dois segmentos comportamentais ("abrir a caixa de fósforos certa para pegar a chave" e "usar a chave para abrir a caixa"), de modo que o exercício é formalmente o mesmo. Mas, psicologicamente, é bem diferente. Agora o sujeito não está lidando com uma máquina estranha, mas com objetos significativos e familiares; e é claro para ele o que deve fazer. A conseqüência é que a dificuldade de "integração" se reduz muito.

O trabalho recente de Simon Hewson é de grande interesse

aqui para mostrar que, também para as crianças pequenas, a dificuldade não reside nos processos inferenciais que o exercício requer, mas em certos traços desconcertantes do material e do procedimento. Quando estes são alterados de forma a não afetar em nada o caráter inferencial do problema, as crianças de cinco anos resolvem o problema tão bem quanto os universitários nos experimentos dos Kendlers.

Hewson fez duas alterações cruciais. Primeiro, substituiu o mecanismo de apertar o botão nos painéis laterais por gavetas nesses mesmos painéis que a criança poderia abrir e fechar. Isso fez desaparecer o mistério do primeiro estágio do treinamento. Depois ajudou a criança a entender que não havia "mágica" em relação à bolinha de gude específica que, durante o segundo estágio do treinamento, o experimentador lhe dava para que pudesse inseri-la no buraco e obter a recompensa. Uma criança não entende, afinal de contas, como uma bolinha inserida num buraco pode abrir uma portinha. Como vai saber que qualquer outra bolinha de tamanho semelhante também serve? Mas deve supor isso para resolver o problema. Hewson deixou clara a equivalência funcional de diferentes bolinhas ao brincar de "trocar bolinhas" com as crianças.

Juntas, essas duas modificações produziram um salto nos índices de sucesso de 30% para 90% entre as crianças de cinco anos, e de 35% para 72,5% entre as de quatro anos. Quanto às crianças de três anos, por razões que ainda precisam ser esclarecidas, nenhuma melhoria — antes uma pequena queda no desempenho — resultou da mudança.

Podemos concluir, então, que as crianças experimentam uma dificuldade muito real diante do aparelho dos Kendlers; mas esta dificuldade não pode ser tomada como prova de serem incapazes de um raciocínio dedutivo.

Com essa conclusão em mente, vamos ver agora como as crianças se comportam num tipo de situação muito diferente.

É extremamente informativo ouvir os comentários das crianças e as perguntas que fazem ao ouvirem histórias. Nessa situação, pode-se colher uma boa safra de evidências de raciocínio.

Eis aqui alguns exemplos:

"Quantas coisas ele está pegando! Não teria... ele só tem duas mãos e não teria espaço para suas duas mãos carregarem todas essas coisas."
(*Premissas*: (1) Peter tem mais para carregar do que duas mãos podem carregar; (2) Peter tem só duas mãos. *Conclusão*: Não é possível que Peter carregue tudo que o representam carregando. Crítica implícita à história.)

"Ela deve ter comido toda a sua comida no outro dia."
(*Premissas*: (1) As casas normalmente têm alimentos; (2) Essa casa não tem alimentos. *Conclusão*: O alimento deve ter sido comido todo.)

"Mas como pode ser (que estejam se casando)? É preciso um homem também!" (O livro contém uma ilustração de um casamento em que o homem parece mulher. A criança pensa tratar-se de uma representação de duas mulheres.)
(*Premissas*: (1) Precisa-se de um homem para um casamento; (2) Não há um homem na ilustração. *Conclusão*: Não pode tratar-se de um casamento.)

"Acho que você deve ter pulado uma página. Você não disse que ele arrancou o couro."
(*Premissas*: (1) Há uma página na história que fala de arrancar o couro; (2) Nenhuma referência foi feita a respeito de arrancar o couro. *Conclusão*: Pulou-se uma página.)

CRIANÇA: "Você não está olhando."
PROFESSORA: "Desculpe."
CRIANÇA: "Por que você não está lendo?"
PROFESSORA: "Porque já sei."
(*Premissas*: (1) Quando você lê um livro, você olha para ele; (2) A professora não está olhando para o livro. *Conclusão*: Ela não está lendo o livro.)

É impossível explicar essas evidências e ao mesmo tempo afirmar que as crianças com menos de seis ou sete anos são incapazes de raciocinar dedutivamente. Portanto, se às vezes — como em certas situações experimentais — elas parecem não raciocinar dedutivamente, precisamos examinar mais de perto o que está acontecendo. Se não conseguimos fazer as crianças raciocinarem quando concebemos experimentos, ao passo que podemos obser-

O QUE É E O QUE *DEVE SER* 47

vá-las raciocinando espontaneamente, precisamos então perguntar-nos por que isso ocorre.

Mas parece que, apesar das constatações de Piaget, dos Kendlers e de alguns outros, não é impossível fazer as crianças raciocinarem nas circunstâncias planejadas de um experimento. É mais difícil, mas não é impossível.

Barbara Wallington realizou uma série de experimentos em que a tarefa era descobrir um brinquedo em uma caixa — ou mais de uma — entre uma série de caixas que podiam, ou não, ter estrelas na tampa. Ela planejou os experimentos com muito cuidado e com o desejo de dar às crianças todas as oportunidades de entenderem o que esperava delas. Os resultados foram reveladores.

As crianças receberam informações que poderiam usar para guiar sua busca. Poderiam lhes dizer, por exemplo: "Se houver uma estrela na tampa, então há um bichinho na caixa", ou "Se não houver estrela, então há um bichinho na caixa." Depois de ouvir uma destas afirmações, pedia-se-lhes que adivinhassem que caixas teriam um brinquedo e verificassem se estavam certas.

O padrão de escolha das crianças e a natureza de suas respostas quando lhes perguntavam por que haviam feito suas escolhas indicam claramente que muitas delas estavam empenhadas num processo de raciocínio rigoroso, no sentido de estarem usando a afirmação do experimentador como base a partir da qual deduzir as conclusões. Poucas vezes tiraram todas as conclusões que seriam julgadas corretas pelos cânones da lógica formal tradicional — mas um grupo de adultos a quem foi apresentado o mesmo exercício também não as tirou. As crianças mais velhas (e "mais velha" neste caso significa entre quatro anos e três meses e quatro anos e onze meses) responderam, com freqüência, exatamente da mesma forma que os adultos, considerando que "se houver uma estrela..." significa "se houver uma estrela e *só se houver* uma estrela...", e raciocinaram de acordo. Algumas das crianças também conseguiram dar explicações muito parecidas com as dos adultos, usando expressões como: *deve ser, tem de ser*. Eis aqui dois exemplos, à guisa de ilustração: "Quando não há uma estrela, tem de haver um bichinho na caixa." "Deve estar aqui (caixa sem estrela), se não está aqui (caixa com estrela)." Neste último caso, a afirmação feita foi: "Se houver uma estrela, então não há um bichinho."

Note que estas justificativas foram feitas depois que as crianças indicaram quais caixas haviam escolhido, mas antes de terem permissão de abri-las.

Respostas como essas foram relativamente raras entre as crianças com menos de quatro anos. Mas nem crianças menores se comportavam de maneira fortuita. Tendiam a mostrar estratégias sistemáticas de busca, mesmo quando eram primitivas e sem relação com as palavras do experimentador, como a de começar com uma caixa numa extremidade e examinar toda a fila.

Estão-se obtendo agora mais evidências de que, mesmo em situações experimentais, as crianças às vezes dão prova de sua capacidade de raciocinar. Peter Bryant e Paul Harris, independentemente um do outro, observaram a capacidade de a criança empenhar-se no tipo de inferência voltada para relações transitivas como "igual a" ou "maior que". (Essa é uma outra forma de inferência que Piaget estipula como um critério da presença do pensamento operacional, e que, portanto, de acordo com sua teoria, não se encontra normalmente em crianças com menos de sete anos.) Para ilustrar as descobertas de Bryant e de Harris, vamos examinar dois estudos — cada qual de um destes pesquisadores — sobre a capacidade de a criança comparar o tamanho de dois objetos através de um objeto intermediário — o que significa, na verdade, que o objeto intermediário está servindo de instrumento de medida.

Harris e seus colegas mostraram a crianças de quatro anos duas tiras de papel colocadas a cerca de um metro de distância uma da outra. As tiras tinham uma diferença de aproximadamente seis milímetros no comprimento — uma diferença pequena demais para ser perceptível. Assim, quando se perguntou às crianças qual era a tira mais comprida, cerca de metade de suas respostas foi correta, sendo este, evidentemente, o resultado que se esperaria obter como fruto do mero acaso. Depois, uma terceira tira de papel, do mesmo comprimento de uma das outras duas, foi apresentada e colocada rápida e sucessivamente do lado de cada uma das tiras. Repetiu-se a pergunta. E, nessas condições, a maioria das crianças deu a resposta certa. Isso parece mostrar claramente que elas eram capazes de entender o processo de medida, isto é, eram capazes de fazer inferências segundo a forma: se A é igual a B e B é mais comprido que C, então A deve ser mais comprido que C.

Bryant e Kopytynska chegaram a conclusões semelhantes às de Harris sobre a capacidade de as crianças pequenas fazerem medidas. Usaram um equipamento simples, mas engenhoso, para mostrar que, embora as crianças pequenas muitas vezes não meçam de maneira espontânea as coisas que podem comparar visualmente, elas freqüentemente usam um instrumento de medida quando a comparação visual é impossível. Deram a seus sujeitos experimentais dois blocos pretos de madeira, cada qual com um buraco, e lhes pediram para descobrir qual dos buracos era mais fundo. Era impossível ver o fundo dos buracos. Entre os dois blocos, os experimentadores colocaram uma vara de madeira que a criança poderia usar como instrumento de medida se assim o desejasse. Mesmo em condições em que não se fez menção à varinha, muitas crianças a usaram como forma de resolver o problema.

Vamos fazer um resumo. Partindo das evidências que consideramos, os principais pontos são os seguintes:

1. Em nenhum estágio as crianças são tão egocêntricas quanto afirma Piaget. Para todos os seres humanos, assumir um ponto de vista diferente requer um certo esforço, e a dificuldade pode variar de uma situação para outra de muitas maneiras complexas. Mas a diferença entre crianças e adultos não é tão grande a este respeito quanto recentemente se acreditou por toda a parte.

2. As crianças não são tão limitadas na capacidade de raciocinar dedutivamente como Piaget e outros afirmaram. Essa ca-

pacidade se manifesta de forma mais marcante em alguns aspectos de seu comportamento espontâneo — e vimos que se revela com grande clareza nos comentários que fazem ao ouvir histórias. Mas essa capacidade também pode ser demonstrada na situação artificial de um experimento com crianças por volta dos quatro anos, se não antes, embora muitos experimentos não tenham conseguido fazer com que viesse à tona. Ao menos a partir dos quatro anos, então, é preciso admitir, mais uma vez, que a suposta diferença entre crianças e adultos é menor do que afirmam muitas pessoas.

3. A capacidade de a criança aprender a linguagem é realmente algo surpreendente, mas não está isolada do resto de seu desenvolvimento mental. Não há motivos para supor que a criança nasça com um "dispositivo de aquisição" que lhe possibilitaria estruturar e dar sentido à linguagem que ouve, enquanto não conseguiria estruturar e dar sentido a outros elementos de seu ambiente. Agora parece, ao contrário, que a criança, em primeiro lugar, dá sentido a situações (e talvez especialmente àquelas que envolvem a intenção humana), utilizando depois esse tipo de compreensão para ajudá-la a dar sentido ao que lhe dizem.

Parece, então, que as teorias mais influentes destes últimos anos a respeito do desenvolvimento da linguagem e do pensamento estão, em muitos aspectos, mal fundamentadas. Isso *não* significa que estas teorias estejam erradas em sua totalidade.

Também não devemos concluir, pelo fato de as crianças se mostrarem, em alguns aspectos, mais próximas dos adultos do que se supunha, que elas sejam exatamente iguais a estes. Pode ser apenas que tenhamos de procurar as diferenças em outro lugar.

CAPÍTULO 6
O QUE SE DIZ E O QUE SE QUER DIZER

"O que se diz é coisa incerta." (P. Ziff)

— Havia alguém com você no barco?
— Não havia, não.
— Então o que o seu neto estava fazendo lá?
— Oh, ele? Estava comigo. Pensei que você estava se referindo a outra pessoa, que não devia estar lá.
(*Dorothy L. Sayers*)

O adulto intelectualmente sofisticado em nossa tradição cultural — o tipo de pessoa que ensina nas escolas ou estuda o pensamento e a linguagem infantis — tem consciência da linguagem como um sistema formal em cujos termos podemos representar o mundo. Essa pessoa pensa a linguagem como algo que tem o chamado "sentido atemporal" — isto é, um sentido que pode ser considerado independentemente de qualquer contexto particular de uso, um significado que não está totalmente incrustado nos eventos, no fluxo contínuo da "vida real". É possível, depois de desenvolvida a visão sofisticada da linguagem, construir uma frase isolada e perguntar: "O que significa?" Mas tanto quanto sabemos, é alheio à forma primitiva ou "natural" de lidar com a linguagem tratá-la de forma assim isolada. Lembre-se do exemplo do índio que disse não poder traduzir "O homem branco matou seis ursos hoje" porque nenhum branco seria capaz disso[1].

---

1. É evidente que, de ordinário, nem mesmo os adultos dotados de um certo refinamento intelectual usam a linguagem sem depender fortemente do contexto (ver p. 62). E, por outro lado, devemos ter cuidado ao supor que todos os povos que chamamos de "primitivos" possam ser reunidos num único grupo. Por exemplo: Mary Douglas, ao falar do povo dogon, afirma que "a unidade intelectual que conferem à experiência deriva de uma refle-

Nos capítulos anteriores, consideramos algumas deficiências de teorias recentes sobre o desenvolvimento mental. Vimos que todas essas deficiências se relacionam com a incapacidade de se prestar suficiente atenção à diferença entre a linguagem tal como é espontaneamente usada e interpretada por uma criança e a linguagem tal como veio a ser concebida por aqueles que desenvolvem as teorias.

Evidentemente, Chomsky pensa que a tarefa da criança consiste em aprender o tipo de coisa que a linguagem é para o próprio Chomsky; e isso é verdade — mas a longo prazo. Durante os primeiros anos de vida, a tarefa pode ser algo muito diferente.

Para a teoria piagetiana, o efeito da concepção adulta é menos direto, pois Piaget se interessa menos pelo aprendizado da linguagem. E quando fala sobre isso, é muito mais sensível às diferenças entre o que a linguagem se tornou para o adulto e o que a linguagem é para a criança nos primeiros estágios. Mas quando ele próprio, enquanto experimentador, *usa* a linguagem como parte de seu método de estudo do pensamento infantil, parece perder de vista a importância dessa questão.

Talvez os mais famosos dos exercícios piagetianos sejam os chamados "testes de conservação". Há muitos deles — testes de conservação de número, peso, comprimento, volume, etc., mas vamos tomar a conservação de comprimento como exemplo, pois os princípios são comuns a todos.

O teste tem três estágios. Primeiro mostram-se à criança varinhas de mesmo comprimento colocadas assim: ══════ exatamente alinhadas. Pergunta-se então a ela se são do mesmo comprimento. É essencial que a criança concorde com a igualdade de comprimento neste estágio, pois, de outra forma, não se pode continuar legitimamente com o teste.

Em seguida, uma das duas varinhas é deslocada (normalmen-

---

xão sobre a natureza, o poder e os efeitos da linguagem". Mas levanta imediatamente a questão de saber se "isto pressuporia um grau de autoconsciência sobre os processos de pensamento que separariam nitidamente sua cultura da classe dos primitivos".

te pelo experimentador adulto) de modo a desfazer o alinhamento, assim: ⎯⎯⎯⎯. O experimentador em geral pede explicitamente à criança para prestar atenção a esta transformação, dizendo: "Agora veja o que eu faço."

O terceiro estágio consiste em repetir a pergunta original — "São do mesmo comprimento?", ou qualquer que tenha sido o enunciado preciso — depois de completada a transformação do segundo estágio.

Os princípios essenciais comuns a todas as variações dos testes de conservação são os seguintes:

(a) A igualdade inicial do atributo crítico (comprimento, peso, etc.) é combinada com a similaridade perceptiva (varinhas colocadas de modo a alinhar as extremidades, bolas de massinha de modelar da mesma forma e do mesmo peso, etc.).

(b) A criança é questionada sobre a igualdade inicial do atributo crítico, e a aceita.

(c) Ocorre uma transformação que desfaz a similaridade perceptiva sem afetar o atributo crítico.

(d) A criança é questionada outra vez sobre o atributo crítico.

Se, no segundo questionamento, a criança ainda afirma a igualdade do atributo crítico, então se diz que ela "conserva" o comprimento, o peso, ou qualquer que seja o atributo. Caso contrário, diz-se que ela não consegue conservar, ou que "não é conservadora".

As crianças com menos de sete anos em geral não conseguem conservar quando os testes-padrão lhes são apresentados. Piaget considera isso, mais uma vez, como uma evidência da incapacidade de se descentrar e da incapacidade de raciocinar. A resposta correta, diz ele, depende da capacidade de fazer uma inferência partindo de duas premissas — quais sejam: (1) essas coisas eram do mesmo comprimento (ou peso, etc.) antes; (2) nada lhes foi feito que altere o comprimento (ou peso, etc.) — para chegar à conclusão: portanto, devem ser do mesmo comprimento agora, mesmo que pareçam diferentes. Diz-se que a incapacidade de raciocinar dessa forma decorre da incapacidade de se descentrar com respeito à situação perceptiva imediata e à relação entre um momento do tempo e um momento subseqüente. A criança concentra-se numa característica da situação imediata e negligencia outras — diz que uma varinha é mais comprida, por exemplo, porque se projeta mais de um dos lados, não conseguindo levar em conta o fato compensador de que se projeta menos do outro lado. Concentra-se também no momento presente, não conseguindo pensar como as coisas estavam antes, não conseguindo perceber que um ato é, em princípio, *reversível*, e que as varinhas poderiam ser realinhadas outra vez. A capacidade de utilizar esse princípio de reversibilidade ao pensar é, para Piaget, um dos principais indícios de se haver chegado ao estágio do pensamento operacional concreto. (Ver Apêndice.)

Deixando as explicações de lado, o que acontece de fato quando ocorre uma resposta "não-conservadora"? Em suma, o seguinte: num curto espaço de tempo, a criança dá duas respostas conflitantes ao que, para um adulto, é a mesma pergunta com "o mesmo significado". Mas suponha que a criança não esteja interessada em pesar especialmente o que as palavras da pergunta significam por si mesmas. Suponha que esteja, ao contrário, interpretando a situação como um todo: o que o experimentador diz, o que faz, o que é razoável pensar que pretende. Agora lembre-se que, no estágio dois, o experimentador chama a atenção para uma ação com a qual muda o arranjo que a criança está considerando. "Veja isto", diz ele. Não é, então, razoável que a criança pense que essa mudança é relevante para o que se segue — para a próxima pergunta a lhe ser feita?[2]

---

2. Rochel Gelman notou um outro fato: quando algo muda, mesmo numa situação inteiramente impessoal, a característica mudada tende a atrair nossa atenção. Ela elaborou um programa de treinamento com o objetivo de levar as crianças a perceberem que, nos testes de conservação, a mudança era irrelevante e devia ser ignorada. Ao fim de seu programa, houve uma evidente melhora na resolução dos testes para os quais as crianças foram especificamente treinadas (conservação de comprimento e número). Constataram-se também indícios de uma certa melhora em outros testes de conservação para os quais nenhum treinamento fora dado.

Susan Rose e Marion Blank consideraram essa possibilidade e se perguntaram o que aconteceria se dessem à criança um exercício de conservação de "um só julgamento" — isto é, uma versão em que a primeira pergunta fosse omitida e a criança só fosse questionada *depois* de ver o novo arranjo dos objetos. Pois raciocinaram que a criança talvez considerasse a repetição da pergunta como "uma pista a indicar que deveria alterar seu primeiro julgamento, de modo a reconhecer a mudança que acabara de testemunhar". Descobriram que as crianças de seis anos cometiam menos erros, não apenas no exercício de um só julgamento mas também num teste-padrão de conservação apresentado a elas uma semana depois. Por isso, concluíram que as pistas contextuais que um adulto consideraria insignificantes podem não parecê-lo para uma criança.

Uma das formas de descrever a diferença entre a criança e o adulto seria então dizer que esta diferença reside no peso dado à *forma lingüística per se*. A questão parece ser a seguinte: o significado da linguagem tem peso suficiente para sobrepor-se ao significado da situação? Será que a linguagem tem prioridade? Será que pode sobrepor-se a uma expectativa razoável?

Outra forma de procurar determinar se a resposta das crianças pequenas às perguntas de conservação resulta de uma tendência a dar prioridade ao significado da *situação* foi planejada por James McGarrigle. Sua idéia consistiu em alterar os eventos do estágio dois de modo a fazê-los parecer acidentais — não realizados deliberadamente pelo experimentador e, portanto, sem relevância para o que este queria dizer ao passar para o estágio três e repetir a pergunta inicial. Para conseguir isso, McGarrigle inventou um personagem chamado "Teddy Malvado" — um ursinho de pelúcia que saía de sua caixa, caía sobre o material experimental e o desarrumava, "atrapalhando a brincadeira".

McGarrigle descobriu que essa versão do exercício — na qual a transformação era ostensivamente acidental — foi resolvida com muito mais sucesso que a versão tradicional: um número muito maior de crianças entre quatro e seis anos de idade "conservaram" — isto é, continuaram dizendo que o atributo crucial era o mesmo³.

Essa descoberta é marcante, e parece muito difícil de explicar em termos piagetianos. Segundo sua forma de ver a questão, é impossível entender por que o *agente* de transformação seria decisivo.

Mas precisamos considerar o fato de que, mesmo quando "Teddy Malvado" era o agente, algumas crianças (cerca de 30% de um grupo de oitenta crianças) não conseguiram conservar. O que determinou suas respostas?

A explicação piagetiana afirma, entre outras coisas, que a "aparência da coisa" é importante. Pense no que seria o estágio três de um exercício de conservação para uma criança que não consiga se descentrar. Ela perceberia a extremidade projetada de uma das varinhas, ou um outro aspecto das diferenças perceptivas introduzidas no estágio dois. Não conseguiria equilibrá-las ou cancelá-las com a referência à diferença perceptiva compensatória (que sempre estaria presente, claro) ou à similaridade perceptiva original do estágio um. Achando-se, assim, dominada pela percepção da diferença, a criança responderia "Não" quando lhe perguntassem: "São iguais?"

É possível, sem invocar a falta de capacidade de se descentrar, admitir que algo como o "domínio pela aparência da coisa" possa ocorrer. Pois o mesmo tipo de "domínio" pode sem dúvida ser produzido de outras formas. Já vimos que pode surgir um conflito entre a expectativa sobre qual a pergunta a ser feita e a forma lingüística da pergunta quando enunciada de fa-

---

3. Esta descoberta foi reproduzida num estudo não-publicado de Julie Dockrell, da Universidade de Stirling. Ela não constatou um efeito tão marcante, principalmente entre os sujeitos mais novos, mas notou uma diferença global entre o exercício do "Teddy Malvado" e o exercício tradicional, diferença grande o bastante para só ter uma chance em mil de ocorrer por acaso. Seu estudo também confirma uma descoberta do estudo original, segundo a qual as crianças que resolvem o exercício do "Teddy Malvado" e, depois dele, o exercício tradicional, saem-se significativamente melhor do que as crianças que fazem os dois exercícios na ordem inversa.

to. Até agora, falamos de expectativas derivadas de uma estimativa das intenções do experimentador. Mas é inteiramente possível haver expectativas que não dependam destas.

Para ilustrar este ponto, voltemo-nos agora para as conclusões de outros estudos. O primeiro deles foi dirigido por Peter Lloyd e por mim, e o segundo por James McGarrigle e por mim.

No primeiro, a tarefa das crianças era julgar se certas afirmações eram verdadeiras ou falsas — mas estes termos não foram usados. Nem as afirmações foram ostensivamente feitas por um adulto, prevendo-se que, caso a autoridade do adulto fosse grande demais, poderia afetar os julgamentos. Em seu lugar, tínhamos um grande urso panda de brinquedo que parecia falar. Pedíamos então às crianças que ajudassem o panda, dizendo-lhe se estava certo ou se estava errado — o que faziam com evidente prazer.

Mostrávamos então às crianças — e ostensivamente ao panda — um conjunto de quatro garagens, dispostas lado a lado, e uma série de carros de brinquedo. Às vezes havia três carros numa série, às vezes cinco. E entre as afirmações a serem julgadas estavam as seguintes:

Todos os carros estão nas garagens e
Todas as garagens têm carros dentro delas.

Quando "todos os carros" somavam três, estes três eram todos realmente colocados dentro das garagens, de modo que a primeira afirmação era verdadeira. Mas é claro que, nesta situação, a segunda afirmação era falsa: uma garagem ficava vazia.

Por outro lado, quando havia cinco carros, estes não podiam estar todos dentro das garagens. Neste caso, quatro eram colocados lá dentro e o quinto ficava de fora, bem à vista. Portanto, os valores de verdade das duas frases estavam agora invertidos: a primeira era falsa e a segunda era verdadeira.

Mas esta não era a opinião de todas as crianças. Descobrimos um padrão de respostas que, na época, não havíamos previsto. Algumas crianças afirmavam que *ambas* as frases eram falsas quando só havia três carros, e ambas verdadeiras quando havia cinco. Portanto, quando havia três carros em quatro garagens, elas diziam ao panda que ele estava errado em dizer que todos os carros estavam nelas: e quando havia um carro de fora e quatro garagens ocupadas, elas lhe diziam que estava certo ao afirmar que todos eles estavam dentro das garagens.

Poderíamos supor, à primeira vista, que as crianças não sabiam o significado de *todos/todas*; mas dispúnhamos de outros indícios que nos davam a entender que esta explicação não servia. Por exemplo: quando a questão consistia em julgar se as portas de todas as garagens estavam fechadas, as crianças eram perfeitamente capazes de responder.

Outra explicação possível, ao menos para a situação dos três carros, era que as crianças não consideravam que a frase *todos os carros* significasse todos os carros que lhes haviam sido mostrados (embora lhes tivessem sido mostrados com ênfase cuidadosa no fato de que estes eram "todos os carros"), mas entendiam que a frase se referisse a todos os carros que fizessem um par adequado com a série de garagens — algo como *todos os carros que deviam estar aqui*. E note que quando dizemos: "Você pôs todos os garfos e facas na mesa?", é tão provável que a frase signifique "todos os garfos e facas que serão necessários" quanto "todos os garfos e facas que estão na gaveta". O significado que escolhemos depende do contexto geral — como estarmos, por exemplo, limpando a gaveta ou preparando a mesa para servir uma refeição.

Em todo caso, era evidente, no experimento que estamos discutindo, que as crianças respondiam como se estivessem prestando atenção o tempo todo ao fato de as garagens estarem ou não ocupadas. A afirmação que realmente julgavam, independentemente das variações de forma lingüística, era: "Todas as garagens estão ocupadas." E quando diziam ao panda que ele estava errado e iam explicar por que, quase sempre falavam do fato de as garagens estarem ocupadas. Se havia três carros e quatro garagens, e o panda dizia: "Todos os carros estão nas garagens", a criança dizia algo como: "Você está errado, porque tem uma vazia." Ao observar as crianças e ouvi-las, tínhamos a nítida impressão de que a garagem vazia *realçava-se* de alguma forma para elas, e que elas interpretavam tudo quanto ouviam de acordo com a alteração provocada por esta proeminência.

Por isso, temos de levar em conta que a expectativa da criança quanto ao que vai ouvir pode ser influenciada não apenas pelas coisas que lhe dão pistas sobre as intenções de quem fala mas também por características mais impessoais da situação que está considerando. O segundo estudo apontou para o mesmo tipo de conclusão. Era um estudo bem parecido, mas agora a criança fazia perguntas em vez de julgar afirmações certas ou erradas.

De novo, usaram-se garagens e carros de brinquedo. Desta vez, os carros foram arrumados em duas prateleiras, uma exatamente em cima da outra. Isso porque neste exercício seria solicitada uma comparação, e queríamos que as crianças vissem ambos os arranjos claramente. Numa prateleira havia cinco carros, e na outra, quatro. Estes foram colocados na correspondência de um a um, começando da esquerda, de modo que, numa das filas, um carro sempre se projetava para a direita. Perguntávamos às crianças: "Há mais carros nesta prateleira ou mais carros nesta prateleira?" E a esta questão, em geral, respondiam pronta e corretamente. Mas aí introduzíamos uma mudança. Sobre cada fila de carros, colocávamos uma fila de garagens. (Elas não tinham piso e podiam ser acrescentadas ou removidas com facilidade.) Sobre a fila de quatro carros colocávamos uma fila de quatro garagens, de modo que todas as garagens desta fila ficavam ocupadas. Sobre a fila de cinco carros colocávamos uma fila de seis garagens, de modo que uma garagem ficava vazia. (Para metade das crianças, as duas condições foram apresentadas na ordem inversa: primeiro os carros com as garagens, e depois sem estas.) A pergunta era então repetida — e cerca de um terço das crianças mudava seus julgamentos, dizendo que agora a prateleira com quatro carros tinha mais carros que a prateleira de cinco!

O que devemos concluir dessa resposta? Note, primeiro, um interessante paralelo com o que acontece num teste clássico de conservação. (Ver p. 52.) A criança dá uma resposta a uma pergunta; algo irrelevante (para o "significado" das palavras em questão) é alterado; e agora a criança dá uma resposta diferente.

Será então que a criança tem todo um conjunto de diferentes significados para as palavras, os quais usa alternadamente? Em caso afirmativo, com certeza não os alterna ao acaso, pois aí dificilmente conseguiríamos que grupos inteiros de crianças mudassem os significados da mesma forma. É preciso que algo independente das palavras em si esteja forçando a interpretação da criança.

No segundo estudo, como no exercício tradicional de conservação, algumas considerações sobre as intenções do experimentador podem ter afetado o resultado. Mas quando as garagens são colocadas sobre os carros, por que as crianças pensam que se espera que prestem atenção ao fato de estarem *ocupadas* em vez, digamos, do comprimento da fila de garagens?

Além disso, no primeiro estudo envolvendo o panda de brinquedo, não é tão fácil recorrer à intenção como explicação. Aqui, parece que é para a própria *interpretação* da situação pela criança que devemos olhar. Parece que ela presta atenção à ocupação, embora as palavras que ouve não a dirijam para isso.

Subjacente a esta sugestão há toda uma série de idéias muito fundamentais sobre as formas de nos relacionarmos com o mundo. Entre elas, a mais importante é a idéia de que, desde o princípio, esta relação é *ativa* de nossa parte. Não ficamos simplesmente sentados esperando que o mundo se imponha a nós. Procuramos ativamente interpretá-lo, dar-lhe um sentido. Nós lutamos com ele, nós o construímos intelectualmente, *nós o representamos para nós mesmos.*

Em outras palavras, podemos dizer que somos, por natureza, questionadores. Abordamos o mundo fazendo perguntas sobre ele, alimentando hipóteses que ficamos ansiosos por verificar. E não dirigimos nossas perguntas apenas aos outros, mas a nós mesmos, dando-nos ao trabalho de descobrir a resposta pela exploração direta do mundo. Dessa forma construímos o que se convencionou chamar de *modelo* de mundo — uma espécie de sistema de representações interiores, cujo valor está em nos ajudar a prever eventos e a estarmos prontos para enfrentá-los.

Sabe-se que as expectativas assim geradas são coisas poderosas. A idéia que ora se pretende sugerir é a de que, quando a criança ouve palavras referentes a uma situação que ela ao mesmo tempo está percebendo, sua interpretação das palavras é influenciada pelas expectativas que coloca na situação. Quando a criança está disposta a interpretar a situação de uma certa forma, salientando algumas características em vez de outras, esta predisposição influenciará o que considera ser o significado das palavras.

Ao mesmo tempo, não podemos esquecer que a influência pode atuar tanto num sentido como no outro. Desse modo, também é verdade que a forma pela qual uma situação é descrita afeta a maneira de a criança interpretá-la. Robert Grieve e seus colegas realizaram há pouco tempo um estudo importante no qual crianças em idade pré-escolar receberam duas caixas simples de papelão, uma mais larga que a outra. Às vezes estas caixas eram denominadas "a caixa grande" e "a caixa pequena"; às vezes, "a mesa" e "a xícara"; às vezes, "a banheira" e "o bebê"; e assim por diante. As crianças receberam as instruções de colocar um objeto *dentro, sobre* ou *debaixo* do outro; e a descoberta mais importante foi que as respostas às instruções eram afetadas pelos nomes dados às caixas. Isso já ocorria com a idade muito precoce de dois anos e meio.

Chegamos, portanto, à seguinte conclusão: quando a criança interpreta o que lhe dizemos, sua interpretação é influenciada no mínimo por três coisas (e pelas formas como elas interagem entre si) — seu conhecimento da linguagem, sua estimativa do que pretendemos (tal como indicado pelo nosso comportamento não-lingüístico) e a maneira segundo a qual representaria a situação física para si mesma se não estivéssemos ali.

Surge então, a esse respeito, a questão de saber se os processos de interpretação em que a criança se envolve são diferentes dos processos dos adultos.

Pode ser que não sejam muito diferentes durante a maior parte do tempo. É claro que a estimativa da intenção e da situação física também afeta a forma de os adultos se comunicarem.

Em nossas conversas comuns, não dirigimos nossa atenção para o "significado lingüístico puro". Ziff, num livro chamado *Understanding Understanding* — Entendendo o Entendimento —, dá uma série de exemplos desse fato. Um deles: se ouvíssemos, sobre um jogo de futebol, a afirmação: "Ninguém entrou sem o ingresso", não a interpretaríamos com atenção estrita ao "significado" de "ninguém". Em outras palavras, não seríamos levados a concluir que todos os empregados e jogadores tinham ingressos, ou então foram barrados na entrada. Quando interpretamos frases, fazemos um uso contínuo — e em geral inconsciente — do conhecimento das situações, além do conhecimento da linguagem.

Mas ainda é verdade que ficamos surpresos ao conhecer as respostas infantis que acabamos de discutir. E, de sujeitos mais velhos, estas respostas não são obtidas. Neste caso, o que é que muda?

Há várias origens possíveis da diferença:

(a) O conhecimento que a criança mais nova tem é menor, ou ela tem menos confiança nele. Por isso dá mais peso às pistas de tipo não-lingüístico, em que se sente em terreno mais seguro. (Pode ser que essa diferença surja apenas em situações nas quais a linguagem da criança é insuficiente — ou pode ser que as crianças habitualmente dêem mais peso que os adultos a pistas desse tipo.)

(b) A criança não aprendeu a distinguir entre as situações em que se espera que dê primazia à linguagem e as situações nas quais não se espera isso.

Quando um adulto *testa* uma criança, a situação tende a ser do primeiro tipo. Mas talvez a criança não saiba disso; e com certeza não é uma prática comum o adulto lhe dizer. Mas, no estudo do "panda falante", a tarefa das crianças era julgar o que o boneco *dizia* — e tomou-se bastante cuidado para que isso ficasse claro. Não obstante, os resultados não foram substancialmente diferentes dos de estudos correlatos. Assim, chegamos a uma terceira possibilidade.

(c) A criança não consegue prestar uma atenção escrupulosa à linguagem por si mesma — ou, pelo menos, acha isso muito difícil.

Voltaremos mais tarde à questão de o que tornaria isso mais difícil ou mais fácil.

Antes, porém, é necessário considerar as evidências fornecidas por duas fontes diferentes, que talvez pareçam discordar do argumento que desenvolvemos até agora.

Este argumento nos levou à conclusão de que, quando surgem situações em que a interpretação das palavras não está de acordo com uma outra expectativa, as palavras tendem a não ter primazia. Mas há um estudo em que o "significado das palavras" parece realmente ter a primazia — com resultados grotescos.

Robin Campbell reuniu 24 crianças com idades que variavam de três a cinco anos e lhes contou uma história da qual selecionamos os seguintes trechos*:

> Ela gostaria de trabalhar na matriz dos correios, mas trabalha numa *filial* [em inglês, *branch*]... Quando passavam por lá viram uma *lebre* [em inglês, *hare*] atravessar o campo correndo... Então voltaram para o carro e foram para a praia. Ao chegarem, deram um passeio ao longo do *cais* [em inglês, *quay*]... "Olhe este castelo", disse o pai de Jane. "A *ala* [em inglês, *wing*] mais antiga tem mais de quinhentos anos."... Entraram num congestionamento, onde todos os carros andavam muito devagar. "Espero que a gente saia logo deste *engarrafamento* [em inglês, *jam*]", disse o pai de Jane.

Pediu-se às crianças que desenhassem a lebre, o cais, a ala, etc. Muitas desenharam um fio de cabelo [*hair*, palavra homófona de *hare*] — ou uma cabeça cheia de cabelos; uma chave [*key*, homófona de *quay*]; uma asa de pássaro [ala e asa são igualmente *wing*, em inglês], etc. Também lhes foram feitas perguntas, como as seguintes:

— Como é uma lebre [*hare*]? — *A criança mostra o cabelo* [*hair*].
— Você acha que correria por um campo? — *Sim*.
— O que é um cais [*quay*]? Para o que serve? — *Para abrir portas*.

---

* O exercício seguinte é todo baseado na homofonia ou homografia de certas palavras da língua inglesa, como *branch* (filial) e *branch* (ramo de árvore); *hare* (lebre) e *hair* (cabelo), *quay* (cais) e *key* (chave), *wing* (ala) e *wing* (asa), *jam* (engarrafamento) e *jam* (geléia). (N.R.)

— Você acha que eles poderiam andar ao longo de um cais?
— *A criança assente com a cabeça.*

No conjunto, nada menos de 31% das respostas foram desse tipo curioso.

Vimos muitas vezes que as interpretações de linguagem feitas por crianças pequenas podem ser poderosamente influenciadas pelo contexto, a ponto de não conseguirem mostrar o devido respeito às próprias palavras. Mas agora temos aqui a evidência de uma situação na qual acontece o oposto. As interpretações dependem de palavras consideradas isoladamente e sem o respeito devido ao contexto. Desse modo, as palavras *hare, quay, wing,* etc. recebem suas interpretações usuais em um contexto em que não fazem sentido. Por quê?

Devemos notar pelo menos quatro coisas. Primeiro, o contexto era o de contar histórias; e nas histórias que em geral se contam às crianças, muitos eventos estranhos e fantásticos ocorrem. Segundo, as crianças provavelmente tinham muita familiaridade com as palavras críticas — ou, antes, com suas homófonas: "hair", "key", etc. — num sentido muito difícil de reconciliar com o contexto da história, e provavelmente não tinham qualquer familiaridade com elas em nenhum outro sentido. Terceiro, não havia nenhum contexto imediato, do tipo visual e não-verbal, que pudesse influenciar o resultado — nada de carros ou garagens, nada de pares de varinhas, nada de vacas ou cavalos de brinquedo. Por fim — e pelo mesmo motivo —, as perguntas do experimentador não fizeram referência a nenhum contexto desse tipo. Ao contrário, as palavras críticas foram tiradas do contexto (verbal) e as perguntas feitas referiam-se a *elas*: "O que é um cais?", etc. Em todos esses aspectos, a situação era muito diferente daquelas consideradas antes neste capítulo.

Continua sendo verdade — e extremamente digno de nota — que, em vez de desenhar algum animal correndo por um campo, algum caminho à beira-mar pelo qual as pessoas pudessem caminhar e um pedaço razoável de um castelo, um número considerável de crianças desenhou um fio de cabelo, uma chave e uma asa de pássaro, e depois formularam proposições absurdas — ou, ao menos, concordaram com elas. E a mesma tendência de consentir no grotesco é relatada num estudo recente de Martin Hughes e Robert Grieve. Quando fizeram às crianças (entre cinco e sete anos, desta vez) perguntas irrespondíveis, tais como "O leite é maior que a água?", elas não rejeitavam a pergunta (exceto a mais nova do grupo — um garoto que mal chegava aos cinco anos — que "se matou de rir"!). Em vez disso, davam-lhes respostas e justificativas solenes, tais como: "O leite é maior porque tem cor."

Todos os psicólogos do desenvolvimento, todos os professores de crianças pequenas — e, quanto a isso, todos os pais — devem prestar atenção a isso, e acautelarem-se!

O segundo tipo de evidência que talvez pareça conflitar com o principal argumento deste capítulo é muito diferente. Diz respeito à relação do *uso* ou produção de linguagem com a compreensão.

No argumento que desenvolvemos está implícito que a facilidade com que as crianças em idade pré-escolar parecem freqüentemente entender o que se lhes diz é enganosa, se a considerarmos como um indício de habilidade no trato com a linguagem *per se*. É claro que em geral elas nos entendem, mas é evidente que não são apenas nossas palavras que elas entendem — pois é possível provar que elas confiam muito em outros tipos de sinais.

Ora, sabe-se que as crianças em idade pré-escolar podem muitas vezes *usar* a linguagem com muita habilidade e fluência. Lembre-se de algumas citações de respostas delas às histórias, no Capítulo 5. "Quantas coisas ele está pegando! Não teria... ele só tem duas mãos e não teria espaço para suas duas mãos carregarem todas essas coisas" — e assim por diante. Para dizer o mínimo, estas falas são tão complexas — sintática e semanticamente — como: "Todos os carros estão nas garagens." Devemos então dizer que a capacidade de *usar* a linguagem vem antes da capacidade de entendê-la?

À primeira vista, uma resposta positiva a esta pergunta pareceria absurda, pois aparentemente não se pode usar a linguagem para uma comunicação bem-sucedida a menos que se a compreenda. Portanto, a compreensão de uma fala deveria vir antes de sua produção. E existem de fato experimentos que foram interpretados por muitos como prova desse tipo de afirmação.

Mas parece tratar-se de uma simplificação excessiva dizer que a compreensão precede a produção. A noção de "compreensão" ou "entendimento" é muito complexa, e ao menos duas questões precisam ser definidas para evitarmos a confusão. Primeiro, será que a criança entende as palavras que ouve no sentido de "fazerem parte de seu vocabulário" — de seu significado não ser completamente desconhecido para ela? E, em segundo lugar, dado que este seja o caso, será que, numa determinada ocasião, a criança entende as palavras em seu contexto (lingüístico ou não-lingüístico) da forma que a pessoa que fala deseja que ela entenda?

É uma suposição comum, embora ingênua, que a compreensão de uma palavra é uma questão de tudo-ou-nada: ou você entende, ou você não entende. Mas não é assim. O conhecimento do significado de uma palavra aumenta, e passa por um desenvolvimento e por mudanças. Além disso, o processo de entender um enunciado não depende apenas da adição serial do significado das várias palavras. É um processo ativo de estruturar e dar sentido ao todo. Desse modo, a interpretação "correta" de uma palavra numa certa ocasião não é garantia de sua plena compreensão em outra. Alison Macrae, por exemplo, mostrou que a interpretação infantil de frases envolvendo as preposições de direção *para/de, para dentro/para fora* era afetada pela forma segundo a qual o exercício de interpretação lhes era apresentado. Variando a situação, a criança chegava a graus variados de compreensão aparente.

O argumento simplificado sobre produção e compreensão não leva em conta um fato que fala vigorosamente em favor da produção, em circunstâncias normais. Quando você produz linguagem, você está no comando: só precisa falar aquilo que resolveu falar.

O ponto a ser enfatizado é que em geral falamos dentro do

fluxo do contexto significativo que, por assim dizer, sustenta —
ou pelo menos não conflita com — nossa linguagem. Não conflita com nossa linguagem porque encaixamos nossas falas em seus contornos. A atenção da criança é atraída para algo que a interessa, e ela fala disso. Vem-lhe uma idéia que ela considera importante, e ela a expressa da forma que lhe é mais imediata. Nunca se requer dela, quando está ela mesma produzindo linguagem, que vá contra sua interpretação preferida da situação — contra a forma pela qual ela mesma a vê espontaneamente. Mas isso nem sempre se aplica quando a criança é o ouvinte. E freqüentemente não se aplica quando é o ouvinte na situação formal de um experimento psicológico — ou, com efeito, quando se torna um aprendiz na escola.

Lois Bloom fala de algumas descobertas interessantes obtidas no trabalho com uma criança chamada Peter, com dois anos e oito meses de idade. Peter mostrou-se incapaz de repetir uma série de frases que ele próprio havia produzido espontaneamente no dia anterior. Desse modo, quando se pedia a Peter, no contexto de um jogo, para repetir "Estou tentando colocar esta vaca aqui", ele produzia apenas "Vaca aqui". E em lugar de "Você pôs ele de pé ali", ele produziu apenas "De pé ali". Lois Bloom conclui que a dificuldade, no exercício de repetição, era que as frases não eram sustentadas por qualquer relação com um contexto e um comportamento imediatos.

As descobertas de Dan Slobin e Charles Welsh estão de acordo com as de Bloom. Dizem eles que, quando se solicita a repetição quase imediatamente depois da produção espontânea, é provável que se tenha mais êxito do que quando é solicitada mais tarde, mesmo só alguns minutos depois. Desse modo: "Se você comer todos os ovos, papai, vai poder tomar café" é reproduzida imediatamente na forma: "Depois de comer todos os ovos, então vai poder tomar café, papai." Mas se a frase original é apresentada de novo para ser repetida depois de um intervalo de dez minutos, tudo quanto a criança consegue dizer é: "Você vai poder tomar café, papai, depois."

Slobin e Welsh especulam que, na fala espontânea, a criança tem uma "intenção-de-dizer-tal-e-tal", e que esta intenção sustenta e suporta a fala complexa. Quando a intenção se desvanece e a criança tem de processar a fala como linguagem isolada pura, a sua tarefa é muito diferente. Isso está de pleno acordo com o argumento apresentado até aqui.

CAPÍTULO 7
PENSAMENTO DESENRAIZADO E VALORES SOCIAIS

É quando lidamos com pessoas e coisas no contexto de intenções e objetivos bem imediatos e padrões familiares de acontecimentos que nos sentimos mais à vontade. E quando nos pedem para raciocinar sobre essas coisas, mesmo verbalmente e a uma certa distância delas, em geral conseguimos fazê-lo bem. Enquanto nosso pensamento é sustentado por esse tipo de sentido humano, e enquanto a conclusão à qual o raciocínio leva não entra em conflito com algo que sabemos, acreditamos, ou queremos acreditar, tendemos a não ter dificuldades. Desse modo, mesmo as crianças em idade pré-escolar podem freqüentemente raciocinar bem sobre os eventos das histórias que ouvem. Mas quando ultrapassamos os limites do sentido humano, há uma diferença dramática. O pensamento que vai além desses limites, a ponto de não operar mais dentro do contexto de apoio dos acontecimentos significativos, é muitas vezes chamado de "formal" ou "abstrato". Mas estas palavras são usadas de tantas maneiras tão diferentes que, para diminuir o risco de confusão, talvez seja melhor evitá-las aqui[1]. Prefiro falar de um pensamento "desenrai-

---

1. Por exemplo: o tipo de pensamento do qual estou falando não pode ser equiparado ao que Piaget quer dizer com "pensamento operacional formal" e menos ainda, digamos, com a compreensão de "noções abstratas" como "esperança" ou "justiça".

zado'', esperando que o nome transmita a idéia de se tratar de um pensamento arrancado da antiga matriz primitiva no seio da qual, na origem, todo o nosso pensamento está contido.

Apesar disso, é fácil entender por que a palavra "formal" é empregada com freqüência para designar o pensamento desenraizado, pois um do modos de ir além dos limites do sentido humano é expressar a *forma* ou estrutura lógica do raciocínio, de maneira a desprezar inteiramente o conteúdo ou significado. Vejamos o que isso significa, considerando as palavras (já citadas no Capítulo 5) da criança que disse:

— Mas como pode ser (que estejam se casando)? É preciso um homem também!

O raciocínio implícito pode evidentemente ser reformulado assim:

Se há um casamento, há um homem envolvido.
Não há um homem.
Portanto, não há casamento.

Agora vamos considerar a forma ou estrutura desse argumento. Para isso temos primeiro de dividir o raciocínio em suas afirmações ou proposições constitutivas. Só duas — junto com suas negações — estão envolvidas aqui: *há um casamento* e *há um homem.*

Mas estas afirmações estão carregadas de significado, do qual teremos de nos livrar se quisermos considerar a forma pura. Por isso vamos substituir a primeira — *há um casamento* — pelo símbolo p; e vamos substituir a segunda — *há um homem* — pelo símbolo q.

O raciocínio torna-se então:

Se p, então q.
Não q.
Portanto, *não p.*

O fato notável é que, assim que o raciocínio é apresentado dessa forma, fica confuso para muita gente. A mente humana não se envolve com facilidade na manipulação de símbolos sem sentido. Nial, com quatro anos de idade, pode raciocinar facilmente sobre homens e casamentos. A maioria de nós tem de lutar quando se trata de ps e qs.

Mas não se pode ignorar o fato de que nosso tipo de sociedade dá o maior valor ao tipo de pensamento do qual "Se p, então q. Não q, portanto não p" é um exemplo extremo (embora elementar, ao mesmo tempo). Quanto melhor você é para resolver problemas sem precisar do apoio do sentido humano, tanto mais provável é que seja bem-sucedido em nosso sistema educacional e tanto mais será aprovado e carregado de prêmios.

Há alguns anos, quando estavam me ensinando as tradições e os conhecimentos da construção dos testes de inteligência, fiz a pergunta: como os itens destes testes são escolhidos? E me responderam: escolhemos aqueles que melhor prevêem o bom desempenho escolar. Perguntei então o que determinava quais itens seriam "bons prognosticadores", mas parecia não haver nenhuma resposta satisfatória. Por isso decidi pesquisar e ver como estes "bons prognosticadores" operavam realmente. Quando as crianças fracassam, perguntava-me, por que fracassam? O que é que não conseguem fazer?

Para tentar descobrir, sentei-me com algumas crianças entre nove e treze anos e lhes apresentei uma seleção de perguntas típicas para responderem e falarem comigo sobre o que estavam fazendo. Pedi-lhes que "pensassem em voz alta" tanto quanto possível.

Foi revelador descobrir que muitos dos erros pertenciam a uma categoria que rotulei de "arbitrários". Quando um erro arbitrário acontecia, o fracasso residia na forma pela qual o raciocínio da criança estava relacionado ao problema. Ela chegava à resposta errada porque não baseava suas inferências estrita e firmemente nas premissas tal como apresentadas. Recorria a novas premissas de sua própria lavra — baseando-se freqüentemente no sentido humano — ou ignorava parte do que fora "dado".

Bem, faz parte da essência desse tipo de problema que, para resolvê-lo, nos atenhamos rigorosamente aos dados. O problema deve ser visto como se estivesse encapsulado, isolado do resto da existência. O que se considera importante independentemente dele, o que se sabe que é verdade — estas considerações devem ser excluídas. O pensamento tem de ser desenraizado. Faz parte da natureza do exercício que se parta de uma série limitada de premissas ou condições e se as respeite rigorosamente. Assim, se lhe dão um problema sobre dois meninos chamados Pete e Tommy, não se espera que você introduza informações sobre qualquer Pete ou Tommy reais que você por acaso conheça!

As crianças de cinco ou seis anos introduzem livremente e com freqüência esse tipo de informação. A criança de nove anos em diante, mais desenvolvida, raramente será tão espalhafatosa, mas mesmo assim ainda faz coisas que acabam por ser muito parecidas. Um exemplo é o menino de doze anos que escolheu a frase "Tommy gostaria de ter os cabelos ruivos" como a conclusão de duas premissas postulando uma conexão entre cabelos ruivos e a capacidade de jogar futebol bem, e deu como motivo "porque eu gostaria de ter o cabelo ruivo". Na verdade, este menino ignorou as premissas dadas em favor de uma premissa alternativa não expressa: "Todos os meninos querem ser bons no futebol, assim como eu." Confiou no sentido humano, em vez de se perguntar o que era compatível com os termos do problema.

Numa dissertação famosa sobre a relação entre lógica e pensamento, Mary Henle conta que pediu a um grupo de sujeitos adultos que julgasse se uma série de conclusões poderiam ser validamente deduzidas das premissas que as acompanhavam. Pediu-se aos sujeitos que escrevessem seus juízos e as razões para eles; e se lhes disse explicitamente que deviam julgar a adequação lógica das conclusões, não sua verdade. Mas eles fracassaram muitas vezes.

Eis aqui um dos problemas, seguido por dois juízos feitos sobre ele:

> Um grupo de mulheres discutia seus problemas domésticos. A sra. Shivers quebrou o gelo dizendo: "Estou tão satisfeita de estarmos falan-

do sobre estes problemas! É muito importante falar sobre coisas que estão na cabeça da gente. Passamos uma parte tão grande do nosso tempo na cozinha que é evidente que os problemas domésticos estão na cabeça da gente. Por isso é importante falarmos sobre eles." Este argumento procede?

Um sujeito respondeu: "Não. Só pelo fato de a pessoa passar tanto tempo na cozinha não se segue necessariamente que os problemas domésticos estejam 'na cabeça da gente'." Mas esta resposta não é um juízo sobre a verdade da conclusão ("Por isso é importante falarmos sobre eles"), *dada* a verdade das premissas. É a rejeição de uma das premissas.

Outro sujeito escreveu: "Não. Não é importante falar de coisas que estão na cabeça da gente a menos que nos preocupem, o que não é o caso." Esta é uma rejeição da outra premissa.

Mary Henle vê estas respostas como exemplos do que chama de "incapacidade de aceitar a tarefa lógica". Outros tipos de erros envolviam ignorar por completo uma das premissas, inserir uma terceira premissa e reformular uma premissa ou a conclusão de forma a mudar o seu significado.

O que é particularmente notável é que estes sujeitos eram alunos formados por uma universidade. Não precisamos ficar surpresos, portanto, quando as crianças acham difícil raciocinar partindo de premissas de forma a respeitá-las rigorosamente. E é importante notar que isso é verdade mesmo quando as premissas não são formuladas abstratamente em termos de *p*s e *q*s. Basta que sejam um pouco controvertidas ou passíveis de suscitar respostas emocionais, ou que não "façam muito sentido".

O trabalho de Peter Wason e Philip Johnson-Laird proporciona outro exemplo muito interessante da incapacidade dos adultos quando entra em cena o raciocínio que não é sustentado pelo sentido humano. Estudaram as formas pelas quais sujeitos adultos, intelectuais (estudantes universitários), resolviam a questão de determinar se uma regra era verdadeira. A regra tinha a forma *se p, então q*, mas Wason e Johnson-Laird não usaram estes símbolos completamente abstratos. Usaram, entretanto, um material que fazia muito pouco sentido em termos de experiência cotidiana. A regra, tal como inicialmente dada aos sujeitos, era:

Se um cartão tem uma vogal de um lado, então tem um número par do outro lado.

Quatro cartões foram apresentados, dois deles mostrando letras do alfabeto (uma consoante, uma vogal) e dois deles mostrando números (um ímpar, um par), assim:

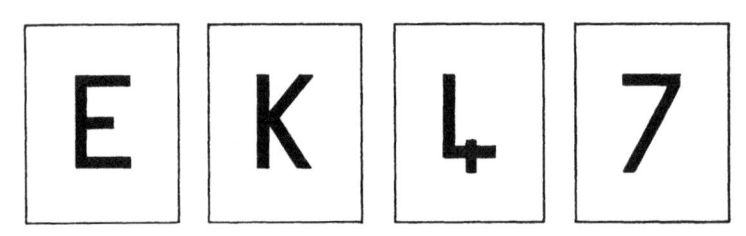

[E]   [K]   [4]   [7]

Dizia-se então ao sujeito, sabendo este que cada cartão tinha uma letra de um lado e um número do outro, que sua tarefa era "indicar quais cartões, e somente estes, precisavam ser virados para se determinar se a regra era verdadeira ou falsa". A resposta correta é: a vogal e o número ímpar (E e 7) — *não* o número par (4).

Muitos adultos inteligentes tiveram dificuldades para entender esta resposta — e quanto mais para descobri-la. Mas considere a seguinte versão da tarefa — usada num estudo de Johnson-Laird, Legrenzi e Legrenzi — lembrando-se de que é a *mesma* tarefa em termos de estrutura lógica.

A regra agora é formulada da seguinte forma:

Quando a carta é fechada, então tem um selo de cinco centavos.

(Isso foi na época em que havia uma taxa para o envelope fechado e outra para o envelope aberto.)

O material da tarefa consiste em quatro envelopes, assim:

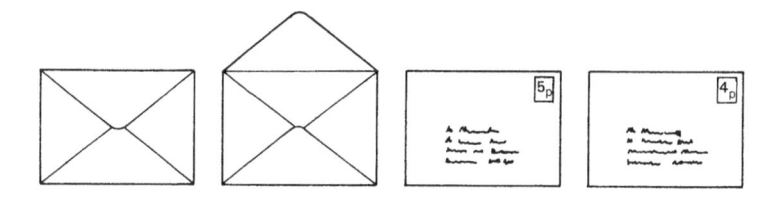

Quando a tarefa foi apresentada desta forma, tornou-se relativamente fácil: 21 entre 24 sujeitos sabiam então que tinham de virar o envelope fechado (para verificar se tinha o selo de cinco centavos) *e* a carta com o selo de quatro centavos (para verificar se o envelope não estava fechado). (Note que a regra não diz que uma carta com um selo de cinco centavos tem de estar fechada, portanto não há necessidade de virá-la.) Dos mesmos 24 sujeitos, só 2, ao contrário, resolveram o problema corretamente quando a regra foi formulada de maneira a não ter um "sentido humano".

Como Wason e Johnson-Laird dizem: "A regra condicional, que se mostrava tão recalcitrante quando seus termos e condições eram arbitrários, ficou quase trivial quando encarnada numa tarefa real."

Resta pouca dúvida, então, de que, quando temos em tão alta conta as formas desenraizadas de pensamento, tornamos a educação em nossa sociedade uma empresa difícil para a mente humana — uma empresa que muitas mentes recusam num estágio inicial. Voltando ao meu estudo dos itens dos testes de inteligência, uma das razões pelas quais muitos itens eram "bons prognosticadores de bom desempenho escolar" era que as crianças que confiavam no sentido humano e não raciocinavam estritamente a partir das premissas não se saíam bem deles.

A essa altura, pode ser igualmente importante enfatizar que o movimento para além dos limites do sentido humano não é uma questão de tudo-ou-nada. Não é uma questão de dar um único passo que depois nos torna capazes de um pensamento desenraizado eficiente em todas as circunstâncias. Desse modo, uma criança que começou a aprender a resolver certos problemas que foram "tirados" do contexto de apoio do resto de sua experiência não se torna por isso instantaneamente capaz de lidar com sistemas formais de pensamento como a matemática. E, mais tarde, continua possível — normal, de fato — chegar a ficar à vontade com certos sistemas formais, mas não com outros.

Mas o argumento aqui é que não é possível dominar *qualquer* sistema formal a menos que se tenha antes aprendido a dar ao menos alguns passos além dos limites do sentido humano, e que o problema de ajudar as crianças a começarem a fazer isso nos primeiros estágios de sua escolarização — e até antes — não foi devidamente compreendido, e em geral não é resolvido de forma adequada.

Assim, acabamos com um pequeno número de "êxitos" educacionais e uma safra desanimadoramente grande de "fracassos". E a questão urgente é: como evitar isso?

Em princípio, existem dois caminhos distintos para tal. Podemos modificar o sistema de valores — ou podemos encontrar meios para tornar a empresa menos assustadora. Podemos ensinar com maior êxito as modalidades desenraizadas do pensamento.

As mudanças no sistema de valores poderiam ser de vários tipos. O mais óbvio é um rebaixamento direto do intelecto — o tipo de coisa expressa com muita freqüência, hoje, em dia por frases como "Quem liga para aquela coisa insípida que não tem nada a ver com a vida?" Mas estas frases "antiintelectuais" certamente não expressam os valores dominantes na cultura atual. E é claro que são absurdas: a "coisa insípida" tem muito a ver com a vida como a conhecemos. Pois o paradoxo é que nossas atividades práticas mais bem-sucedidas — nossa engenharia, por exemplo — seriam impossíveis se abandonássemos a árdua tarefa de funcionar sem o apoio do mundo dos eventos familiares. Para enfrentar o mundo com o máximo de competência, é necessário considerar a *estrutura* das coisas. É necessário adquirir a habilidade de manipular *sistemas* e de abstrair formas e padrões. Esta é uma verdade que, enquanto espécie, fomos conhecendo aos poucos. Se tivéssemos de renunciar a esta atividade, haveria um preço muito alto a pagar.

Mas poderíamos mudar o sistema de valores sem negar a importância das faculdades intelectuais. Poderíamos simplesmente reduzir o peso relativo que lhes atribuímos, aumentando substancialmente o valor que damos a outras coisas.

Em alguns países — na China, por exemplo —, tentativas sérias parecem ter sido feitas nesse sentido. Em nosso país, falou-se um pouco disso, mas pouca coisa mudou. As pessoas que usam as mãos ou outros talentos em seu trabalho são, em geral, pessoas que fracassaram em satisfazer os requisitos educacionais para ganhar a vida com o exercício de faculdades mais ou menos intelectuais — ou que se recusaram teimosamente a fazê-lo, apesar da considerável pressão. Isso se aplica mesmo quando é particularmente evidente que o pensamento desenraizado precisa aliar-se a outros tipos de competência.

Considere os departamentos de engenharia de nossas universidades. Ensinam matemática e física — e devem fazê-lo. Mas não ensinam as pessoas a fazer coisas. É possível formar-se em engenharia mecânica sem nunca ter usado um torno ou uma fresa. *Estas* coisas são consideradas adequadas apenas para os técnicos. E, para a maioria *deles*, por outro lado, a matemática e a física, além de um nível elementar, estão simplesmente fora de alcance.

Um de nossos maiores pensadores educacionais, Alfred North Whitehead, estava profundamente convencido de que esse *apartheid* é pernicioso para todos os interessados. Expressou seus receios num ensaio brilhante sobre "A educação técnica e sua relação com a ciência e a literatura", no qual apresentou como axioma educacional que, "ao ensinar, você malogra assim que esquece que seus alunos têm corpo", acrescentando: "É um ponto controvertido decidir se a mão humana criou o cérebro humano, ou se o cérebro criou a mão. Certamente a ligação é íntima e recíproca."

O fato paradoxal é que o pensamento desenraizado, embora por definição evoque a capacidade de distanciar-se da vida, produz suas maiores riquezas em conjunção com o fazer. Na verdade, Whitehead pensava que a separação dos dois seria desastrosa para nossa civilização.

Esta separação remonta aos primórdios da cultura ocidental — às origens mesmas da escrita. Whitehead identifica seu início no ideal platônico de uma educação liberal entendida como educação para o pensamento e a apreciação estética, em que a única ação a ser considerada é o comando. Mas podemos ir mais longe ainda, a um texto egípcio extremamente revelador, cujo original remonta provavelmente a cerca de 2000 a.C. O texto é conhecido como *Sátira aos Ofícios* e consiste na exortação de um pai a seu filho, quando este é mandado para a Escola de Escrita a fim de se tornar um escriba. Eis aqui algumas passagens:

> Vi como é flagelado aquele que é flagelado — tu deves pôr o coração no estudo da escrita. E observei como se pode ser libertado dos próprios deveres (sic!) — vê, não há nada que suplante a escrita...
>
> Vi o trabalhador metalúrgico em seu trabalho na boca da fornalha. Seus dedos tinham algo de crocodilos; seu cheiro é pior que o de ovas de peixe...
>
> O pequeno construtor carrega lama... O caminhar no barro torna-o mais imundo que os porcos. Suas roupas estão enrijecidas pela argila...
>
> O fabricante de flechas é muito miserável quando entra no deserto (para obter pontas de pedra). Mais é aquilo que dá a seu jumento do que seu trabalho depois (vale)...
>
> O que lava roupas lava na margem (do rio), vizinho do crocodilo...
>
> Vê, não há profissão sem chefes — exceto o escriba: ele é o chefe...
>
> Vê, não há escriba sem comida proveniente da Casa do Rei — vida, prosperidade, saúde!... Seu pai e sua mãe louvam a Deus, lançando-se ele no caminho dos viventes. Vê estas coisas — eu (as expus) perante ti e os filhos de teus filhos.

Este documento (que as crianças das Escolas de Escrita da XIX Dinastia do Egito recebiam como exercício de cópia, presumivelmente para desenvolver as idéias certas) expressa de forma vívida atitudes muito comuns hoje. Mas não há dúvida de que uma razão para a continuidade do *apartheid* é que muitos jovens não desenvolvem aptidão nem gosto pelo lado intelectual da escolarização. A tentativa de tornar-se hábil nas formas desenraizadas da atividade intelectual é, para a maioria de nós, frustrante ou repugnante. (Claro, se ela se mostra frustrante, será inevitavelmente experienciada como repugnante — do que falaremos mais tarde.) Se não fosse assim, não teríamos uma elite intelectual pequena e presunçosa, convencida de que essa única realização é suficiente para justificar toda a sua existência e estabelecer de uma vez por todas sua superioridade.

Por isso voltamos agora à questão de saber se a maioria das crianças deve inescapavelmente fracassar na tentativa de tornar-se competente no exercício do pensamento desenraizado. Haverá apenas alguns de nós *capazes* de aprender a ir além dos limites do sentido humano e funcionar bem aí? Duvido. Embora possa haver algum sentido em postular que cada um de nós possui um "potencial intelectual" geneticamente determinado, de modo que, nesse aspecto assim como em outros, os indivíduos sejam diferentes, não há motivos para supor que a maioria de nós — ou qualquer de nós, aliás — consiga chegar perto de realizar tudo aquilo de que somos capazes. E não é certo sequer que faça muito sentido pensar em termos de quaisquer limites superiores. Pois, como Jerome Bruner observa, há instrumentos da mente, assim como há instrumentos da mão — e em ambos os casos o desenvolvimento de uma ferramenta nova e poderosa traz consigo a possibilidade de deixar limitações antigas para trás. No mesmo sentido, David Olson diz: "A inteligência não é algo imutável que possuímos; é algo que cultivamos ao operar com uma tecnologia, ou algo que criamos ao inventar uma nova tecnologia."

A tecnologia em que Olson pensa especificamente é o sistema de tornar a fala visível e permanente, o qual chamamos de escrita.

CAPÍTULO 8
POR QUE AS CRIANÇAS ACHAM O APRENDIZADO ESCOLAR DIFÍCIL

Os argumentos dos capítulos anteriores pintaram um quadro da criança em que as seguintes características estão entre as mais proeminentes:

1. Em primeiro lugar, ela procura ativamente dar sentido ao mundo desde um momento muito precoce de sua vida: faz perguntas, quer saber. (Isso fica evidente logo que as questões verbais podem ser formuladas. Provavelmente ocorre mesmo antes de a linguagem aparecer.) E também, desde um estágio muito precoce, a criança tem propósitos e intenções: quer fazer. Esses questionamentos e tentativas implicam um senso primitivo de possibilidade que ultrapassa a percepção de como as coisas são, configurando-se como uma percepção de como deveriam ser.

2. O senso do possível que surge juntamente com o *querer saber* envolve, em primeiro lugar, uma simples percepção da ignorância[1] ("Pode haver um tigre depois da esquina, não olhei"), e

---

1. Mas as crianças nem sempre dão mostras de saber que não sabem. Às vezes respondem com aparente confiança quando não há forma de saber com certeza — a não ser pela percepção extra-sensorial! Com efeito, esta é uma das variedades do "erro arbitrário" — arbitrário por envolver a negligência de uma condição do problema — que descobri em meus primeiros estudos do pensamento infantil (ver Donaldson, 1963): e, mais recentemente, Gilberte Piéraut-Le Bonniec observou muitos outros exemplos do mes-

depois uma tentativa de usar as considerações de compatibilidade e incompatibilidade para ampliar o campo do conhecido e reduzir a incerteza. O que é possível torna-se então aquilo que não leva a conflito com qualquer coisa aceita como real. Tudo o que leva a tal conflito é *impossível*. Isso é inferência dedutiva. (Mas note que não se transforma no que é normalmente chamado de inferência dedutiva *formal*, até que a atenção esteja centrada não no conflito com a realidade do mundo conhecido, mas no conflito com o que estamos acostumados a chamar de "dado", isto é, com algo meramente postulado, algo que se *resolve* aceitar como premissa na qual se baseie o raciocínio. Essa é a distinção em jogo nos estudos de raciocínio que discutimos no último capítulo. A inferência "formal" é desenraizada.)

3. O senso do possível que vem juntamente com o *querer fazer* envolve, por um lado, uma certa apreensão do objetivo, do estado de coisas que poderia surgir e, por outro lado, uma certa apreensão dos meios, das ações que seria preciso realizar para se chegar ao objetivo. Mas parece mais provável que, nos primeiros estágios da vida, a percepção do objetivo seja dominante; a consideração da ação possível — principalmente a consideração sistemática — viria depois. Deve-se fazer uma distinção entre o ato de tentar várias ações diferentes para se chegar a um objetivo e o ato de refletir nelas como uma série possível de ações antes de realizá-las. Esta segunda atividade — de planejamento — envolve a suspensão temporária da ação efetiva e uma volta da atenção para dentro, para atos mentais. Em termos de desenvolvimento, a uma percepção do que está fora precede a percepção do que está dentro.

---

mo tipo de coisa. Quando estava em questão a cor de um objeto escondido, ela descobriu que as crianças entre cinco e oito anos tendiam simplesmente a dizer qual era a cor, sem mostrar sinais de incerteza, sem reconhecer a distinção entre uma suposição e uma decisão baseada em informações fidedignas. Estas são descobertas curiosas. Mas não há dúvida de que, por outro lado, crianças com muito menos de oito ou cinco anos são *capazes* de tomar consciência da incerteza. Quando fazem espontaneamente uma pergunta genuína, é bem claro que têm uma certa percepção de uma lacuna naquilo que sabem.

4. Isso também se aplica ao desenvolvimento das faculdades lingüísticas. A criança adquire estas faculdades antes de se tornar consciente delas. A consciência que a criança tem daquilo *sobre* o que ela fala — as coisas lá fora às quais a linguagem se refere — normalmente precede sua consciência daquilo *com* que fala — as palavras que usa. E ela se torna consciente daquilo com que fala — as palavras em si — antes de ter qualquer consciência das regras que determinam a seqüência das palavras — as regras que controlam sua própria produção delas. (Na verdade, um adulto que pensa tem uma percepção muito limitada desses processos em sua própria mente.)

Nos primeiros estágios, antes de a criança desenvolver uma consciência plena da linguagem, a linguagem está enraizada no fluxo de eventos que a acompanha. Enquanto isso acontece, a criança não interpreta as palavras em separado — interpreta situações. Está mais interessada em dar sentido ao que as pessoas fazem ao falar e agir que a descobrir o que as palavras significam. (Afinal de contas, pode não ter consciência da linguagem, mas tem uma consciência aguda das outras pessoas.) Mas, ao mesmo tempo, volta-se bastante para a estruturação — ou o entendimento do sentido — das situações, mesmo quando nenhuma palavra é dita; e às vezes parece que, quando as palavras *são* ditas, a interpretação que a criança faz da fala é grandemente influenciada por sua própria estruturação do contexto. Se houver para ela uma característica marcante de uma situação — se é a característica que ela mesma comentaria com mais probabilidade —, então esta característica pode "torcer" a interpretação das palavras que ouve. O poder desta distorção ainda não é inteiramente claro.

5. Uma criança que está procurando entender o que outras pessoas querem dizer deve ser capaz de reconhecer intenções nos outros, assim como de tê-las ela mesma. E esta criança não é de forma alguma totalmente incapaz de se descentrar. Embora certamente possa não conseguir, como o resto de nós, apreciar a relatividade de seu próprio ponto de vista, é capaz de sair dele. Por isso, não é impedida pelo egocentrismo de se comunicar e se re-

lacionar conosco de forma pessoal. Na verdade, as relações pessoais parecem constituir a matriz no interior da qual seu aprendizado acontece.

Se o quadro que acabamos de esboçar estiver correto em suas linhas gerais, a criança normal entra na escola com uma capacidade bem desenvolvida de pensar. Mas seu pensamento está *dirigido para fora*, para o mundo real, cheio de significados, mutável e atordoante. O que será exigido para o sucesso em nosso sistema educacional é que ela aprenda a voltar a linguagem e o pensamento para si mesmos. Precisa tornar-se capaz de dirigir seus processos mentais de maneira reflexiva. Deve ser capaz não apenas de falar, mas de escolher o que vai dizer; não apenas de interpretar, mas de pesar interpretações possíveis. Seu sistema conceitual deve expandir-se na direção de uma capacidade cada vez maior de representar a si mesmo. A criança deve tornar-se capaz de manipular símbolos.

Ora, o principal sistema simbólico ao qual tem acesso a criança em idade pré-escolar é a linguagem oral. Portanto, o primeiro passo é a conceituação da linguagem — tomar consciência desta enquanto estrutura distinta, liberá-la dos eventos[2].

Algumas crianças chegam à escola com esse passo já realizado — ou pelo menos com o movimento já iniciado. Entram com uma enorme vantagem inicial.

Bärbel Inhelder e seus colegas procuraram recentemente ensinar as crianças a resolver exercícios piagetianos, como o de inclusão em classe. A uma certa altura do livro em que relatam suas descobertas, voltam-se para o problema das diferenças en-

---

2. Um levantamento muito importante acerca das evidências disponíveis sobre a percepção da linguagem por parte das crianças pequenas foi feito recentemente por Eve Clark. Sugere ela que nós sejamos capazes de reconhecer seis tipos ou níveis de percepção, entre os quais o primeiro e mais simples seria o controle da própria fala (correções espontâneas e coisas do gênero), enquanto o mais complexo — e o último a se desenvolver — seria a reflexão sobre o produto da fala. Ela afirma que esse último tipo de percepção parece exigir a capacidade de pensar sobre a estrutura da linguagem de uma forma independente do uso desta.

tre as crianças decorrentes dos diferentes tipos de lar, e para a questão de saber se a habilidade lingüística é relevante ou não. Negam que a "linguagem enquanto tal" tenha qualquer coisa a ver com o sucesso, mas dizem ter notado certas diferenças na "atitude" para com as palavras do experimentador. As crianças de origens mais privilegiadas têm maior probabilidade de prestar escrupulosa atenção às palavras da pergunta, refletindo sobre elas, analisando-as antes de responder. As crianças menos favorecidas têm, ao contrário, uma grande tendência de substituir a pergunta feita pelo experimentador por uma pergunta "mais natural"[3].

É claro que existem formas mais ou menos "naturais" de descrever certas situações. Alison Macrae observa que a probabilidade de um adulto dizer "As flores estão em cima do aparelho de televisão" é muito maior do que a de dizer "O aparelho de televisão está embaixo das flores". E conta que as crianças de quatro anos já parecem sensíveis à excentricidade da segunda versão, pois tendem a evitar usá-la mesmo numa situação construída de modo a encorajar seu uso. (A propósito, não havia a menor dúvida sobre a capacidade de as crianças enunciarem a palavra "embaixo": deram provas claras disso em outros contextos.)

Ora, a uma afirmação pouco natural corresponde uma pergunta pouco natural. Se é estranho dizer "O aparelho de televisão está embaixo das flores", também é estranho perguntar "O aparelho de televisão está embaixo das flores?" Da mesma forma, se é incomum afirmar que há mais flores que flores vermelhas, também é incomum perguntar tal coisa.

Em seu livro, os estudiosos que procuraram ensinar as crianças a resolver os exercícios piagetianos — Bärbel Inhelder, Hermine Sinclair e Magali Bovet — fazem de passagem a observação sobre perguntas pouco naturais, mas ela atinge o núcleo da

---

3. Numa dissertação muito recente, Robert Grieve e seus colegas confirmam isso. Observam que uma criança pequena tem muita tendência de "corrigir nossas perguntas, refazendo-as mais de acordo com seu gosto"; e notam os problemas que isso apresenta para o experimentador.

questão. A diferença que notam equivale a uma diferença na prontidão em tratar a linguagem com algum grau de abstração em relação ao contexto. E é fácil ver como isso seria encorajado num lar mais instruído e intelectualmente refinado.

Como adultos instruídos, ficamos tão acostumados com a palavra escrita que é raro pararmos para pensar em quão dramaticamente difere ela da palavra falada. A palavra falada (a menos que seja gravada, o que é uma outra coisa) existe por um breve instante, um elemento num emaranhado de eventos em mutação — dos quais precisa ser desemaranhada para ser considerada separadamente — e então se desvanece. A palavra escrita permanece. Está ali na página, distinta, duradoura. Podemos voltar a ela amanhã. Por sua própria natureza, pode ficar bem livre do contexto não-lingüístico[4]. Podemos pegá-la e colocá-la no bolso ou na pasta. Depois que a criança começou a aprender a ler, pode trazer seu livro da escola para casa e ler para sua mãe *as mesmas palavras* que leu para a professora na classe, mais cedo naquele dia.

Assim, os primeiros encontros da criança com os livros lhe fornecem oportunidades muito mais favoráveis para *tomar consciência* da linguagem enquanto tal, do que podem ter fornecido seus primeiros encontros com a palavra falada.

É claro que em alguns lares a consciência da palavra falada é muito estimulada. Alguns pais falam *sobre* palavras com seus filhos, brincam, jogam jogos de palavras com eles, e assim por diante. Mas a maioria só fala *com* palavras. De fato, uma grande quantidade de crianças chega à escola sem noção sequer da existência de palavras distintas — sem a noção de que o fluxo

---

4. Evidentemente, as ilustrações dos livros fornecem certos contextos não-lingüísticos. E grande parte da escrita em nosso meio ambiente — os sinais de trânsito, o pacote de sabão, o anúncio da televisão — está profundamente enraizada no contexto. Algumas crianças em idade pré-escolar parecem aprender a ler sozinhas devido, em grande parte, a seus encontros com esse tipo de "grafia pública". Para uma discussão interessante sobre crianças que aprendem a ler antes de entrar na escola, ver o livro de Margaret Clark, *Young Fluent Readers*.

da fala pode ser dividido nessas unidades. Fox e Routh mostraram há pouco tempo que, por volta dos quatro anos, as crianças não são incapazes de dividir a fala em "pedacinhos" progressivamente menores, se encorajadas a isso. Mas é certo que muitas delas nunca terão pensado em fazê-lo. Do mesmo modo, muitas crianças de cinco anos têm noções muito confusas do que significa a palavra "palavra", como Jess Reid mostrou num originalíssimo estudo das concepções do processo de leitura que as crianças trazem consigo para a escola e que desenvolvem à medida que o primeiro ano se desenrola. Essas descobertas foram depois confirmadas e ampliadas por John Downing.

Para muitas crianças, o primeiro encontro com a palavra escrita é indireto, surgindo da situação em que uma história é lida em voz alta por um adulto. Já se trata, num certo sentido, da linguagem liberada do contexto; mas a experiência de ouvir uma história provavelmente não intensifica tanto a consciência quanto a luta direta com as palavras numa página (por motivos aos quais voltaremos). É impressionante o fato de que, quando as crianças pequenas ouvem histórias, muito raramente fazem perguntas sobre a linguagem em que as histórias são contadas. Fazem muitas perguntas minuciosas sobre as intenções e motivos dos personagens, a estrutura da trama — enfim, sobre o significado da história, se preferirem. Raramente perguntam o significado das palavras, mesmo daquelas que são evidentemente desconhecidas.

Nas gravações das falas das crianças numa roda de histórias, citadas no Capítulo 4 (e que foram gravadas diariamente por um período de aproximadamente quatro meses), só foram descobertas três perguntas sobre o significado das palavras e apenas uma sobre um outro aspecto da linguagem.

As três perguntas sobre o significado das palavras foram:

— O que é um *"howdah"*?
— O que é *"cud"*?
— O que é *"mousey quiet"*? Desculpe, o que é *"mousey quiet"*?

As duas primeiras perguntas foram feitas por uma criança de quase cinco anos, que já estava aprendendo a ler, embora ainda não estivesse na escola, e que mostrava grande interesse pela palavra impressa sempre que podia pôr-lhe os olhos em cima. A terceira pergunta também foi feita por uma criança de quase cinco anos e que, embora não tivesse começado a ler, vinha de um lar com alto grau de instrução.

A última pergunta sobre linguagem foi feita por uma criança que não chegara aos três anos. A pessoa que contava a história leu a frase: "And at last they *did* pull up the turnip" ("E por fim arrancaram o nabo"). A criança perguntou numa voz muito alta e excitada: "Por que é *did*?"* Parece tratar-se de uma pergunta sobre a estrutura gramatical (uma pergunta que, aliás, a pessoa que contava a história achou muito difícil de responder), mas é bem isolada. Não houve mais nenhum caso desse tipo.

Bem, não é que as crianças pequenas sejam incapazes de fazer *qualquer* pergunta sobre a relação entre as palavras e as coisas. Uma das primeiras perguntas geralmente gravadas na fala de uma criança é: "Que é isso?" Trata-se de algo freqüente no primeiro estágio de produção de linguagem, em geral alcançado antes dos dois anos de idade, e parece um pedido para saber o nome de um objeto. Por isso parece estranho que o pedido para saber o que uma palavra significa — uma questão que trata da mesma relação, mas partindo da extremidade oposta — deva surgir tão mais devagar.

Mas não é claro que os primeiros pedidos da criança para saber um nome sejam exatamente o que parecem ser. Há razões para suspeitar que, para uma criança pequena, o nome de um objeto possa estar em igualdade de condições, digamos, com o peso do objeto, ou com sua cor — apenas um atributo entre outros, por isso mais semelhante a uma parte do objeto que a uma parte de um sistema formal distinto chamado "linguagem".

---

* A palavra *did*, passado do verbo *to do*, tem na frase apenas uma função expletiva, dando ênfase ao fato afirmado na oração. (N.R.)

Vygotsky argumenta de maneira muito persuasiva em favor desta interpretação, observando que, para adultos sem cultura intelectual, o mesmo também pode aplicar-se, numa certa medida. Conta a história de um camponês que não ficou tão surpreso por ser possível calcular o tamanho das estrelas quanto com o fato de ser possível descobrir-lhes o nome.

Por isso, o pedido para saber um nome não prova por si que a linguagem seja apreendida como um sistema distinto. Parece que, em geral, esta apreensão vem devagar, e que uma das conseqüências de aprender a ler seja o estímulo à reflexão consciente que produz tal apreensão. O camponês de Vygotsky era, sem dúvida, analfabeto.

É claro que ter consciência da linguagem enquanto um sistema distinto é relevante para a questão de separar o que é *dito* do que é feito, ou daquilo que de alguma forma sobressai numa situação — e, por isso, para a questão de resolver corretamente os exercícios piagetianos, tais como os testes de conservação ou de inclusão em classes, e muitos outros testes de raciocínio. Como Inhelder e seus colegas observaram, algumas crianças levam em conta exatamente o que o experimentador lhes disse, enquanto outras fazem uma substituição por "uma pergunta mais natural" formulada por elas mesmas.

Mas, se é evidente que esta última estratégia não funciona, devemos ter cautela ao tirar a conclusão de que um certo grau de consciência reflexiva da linguagem é tudo quanto é necessário para o sucesso. Pois parece haver também, no mínimo, a questão do *controle* — a questão da capacidade da criança de dirigir a atenção, excluindo o que é irrelevante enquanto considera as implicações. E as crianças pequenas parecem não ser muito boas nisso. Por exemplo: Leslie Hall realizou experimentos nos quais pediu a seus sujeitos que decidissem se determinadas afirmações eram verdadeiras ou falsas em relação a certas ilustrações, e então registrou os movimentos dos olhos enquanto os sujeitos examinavam as ilustrações e chegavam a uma decisão. Descobriu que crianças de apenas quatro anos conseguiam organizar numa certa medida os seus padrões de exploração quando não lhes eram mostradas ilustrações irrelevantes, mas que a presença de ilustrações irrelevantes era "mais eficaz em 'atrair' o olhar do que qualquer plano cognitivo em 'projetá-lo'". Em outras palavras, a quantidade de controle deliberado que as crianças exercem nesse contexto pareceu muito limitada. Essa questão do controle está no cerne da capacidade de pensamento desenraizado, a qual, como vimos, envolve ater-se ao problema e recusar-se a ser desviado por conhecimentos, crenças ou percepções que nada têm a ver com ele.

Mas talvez o fato de reconhecermos a importância da capacidade de controlar o próprio pensamento não nos leve para muito longe da questão da consciência, afinal de contas. O que agora está em jogo, todavia, é a consciência mais geral da criança a respeito de seus próprios processos mentais — a *consciência de si mesma*. Pois, como Vygotsky tem razão em dizer: "...o controle de uma função é a contrapartida da consciência que se tem dela." Para que uma criança controle e dirija seu próprio pensamento, da forma que estivemos considerando, deve tornar-se consciente dele.

Ainda não sabemos muito bem como se desenvolve a consciência de si. Mas, recentemente, Piaget publicou os resultados de uma série de estudos muito interessantes (ver *The Grasp of Consciousness* — A Apreensão da Consciência).

O método usado foi dar às crianças uma série de exercícios para realizar e fazer com que falassem de suas próprias reações. Os exercícios eram muito simples, não apresentando nenhuma dificuldade para as crianças, como engatinhar com as mãos e os joelhos. Ou poderiam ser problemas de alguma complexidade, como o quebra-cabeças da Torre de Hanói. (Neste quebra-cabeças há três varinhas, uma das quais tem em torno de si vários discos de tamanhos diferentes, com o maior embaixo. O problema é passar estes discos para uma das outras varinhas, movimentando apenas um disco de cada vez e nunca colocando um disco maior em cima de um menor.)

As descobertas e argumentos de Piaget são complexos, mas um ponto que se destaca muito claramente é que a consciência se desenvolve de maneira típica quando algo nos faz parar, e, em conseqüência, em vez de apenas agir, fazemos uma pausa para considerar as possibilidades de atuação à nossa frente. A hipótese é que aumentamos nossa consciência do que é real considerando o que é possível. Temos consciência do que fazemos à medida que também temos consciência do que *não* fazemos — ou do que teríamos feito. A noção de *escolha*, portanto, é central.

E, então, o que nos faz parar e pensar sobre nosso pensamento — e assim nos torna capazes de *escolher* voltar nosso pensamento para uma direção em vez de outra? Não podemos esperar descobrir uma resposta simples a uma questão tão importante — mas observe como, repetimos mais uma vez, aprender a ler pode dar uma contribuição extremamente significativa a isso. A criança que está aprendendo a ler encontra-se numa situação que provavelmente a encoraja a começar a considerar possibilidades em relação a pelo menos um ato mental importante: a apreensão do significado. Como disse uma criança: "Você tem de parar e pensar. É difícil!" Aqui se aplicam os mesmos argumentos que dizem respeito ao desenvolvimento da consciência da linguagem em si: são decisivos os fatos de a palavra escrita ser duradoura e poder ser liberada do contexto não-lingüístico. Desse modo, o contexto não-lingüístico não atua aqui — como atua com tanta freqüência no caso da palavra falada — para determinar uma interpretação, moldando o significado e excluindo a necessidade de escolher; e, além disso, o caráter duradouro da palavra escrita significa que há tempo para parar e pensar, de modo que a criança tem a chance de considerar possibilidades — um tipo de chance que nunca teve antes.

Portanto, parece que as próprias características da palavra escrita que encorajam a consciência da linguagem também podem desenvolver a consciência do próprio pensamento, sendo importantes para o desenvolvimento do autocontrole intelectual, com conseqüências incalculáveis para o desenvolvimento dos tipos de pensamento próprios da lógica, da matemática e das ciências.

CAPÍTULO 9
O QUE A ESCOLA PODE FAZER

      É de conhecimento geral que, quando as crianças entram na escola, há uma grande diferença entre as que estão bem preparadas e as que não estão preparadas para o aprendizado escolar. A questão que então se impõe é a de como diminuir a diferença *logo*, pois, se ela não diminuir, vai aumentar. Tal é a natureza desse tipo de diferença.

      Alguns diriam que, quando as crianças entram na escola, já é tarde demais — ou que nada pode ser feito sem a intervenção direta no lar dos "desfavorecidos". Mas não acredito que esses argumentos sejam conclusivos (o que não quer dizer que eu questione o valor dos esforços empenhados no estágio pré-escolar ou com os pais das crianças).

      O resto deste capítulo está voltado para o que pode ser feito para dar a *todas* as crianças um bom ponto de partida no tipo de aprendizado que acontece na escola. Mas algumas crianças precisam de mais ajuda que outras para ter um bom começo, de modo que, para elas, a atitude do professor pode, potencialmente, ter uma importância maior.

      Por razões discutidas no último capítulo, acredito que o domínio precoce da leitura é mais importante ainda do que em geral se considera.

      E, quanto a isso, a primeira coisa a reconhecer é a magnitude que podem ter os problemas *conceituais* enfrentados no começo pela criança, principalmente quando seu lar não a preparou de forma adequada. Como vimos, ela pode, em primeiro lugar, ter pouca consciência reflexiva da linguagem falada, mesmo que consiga usá-la com eficiência em situações cotidianas. Em segundo lugar, pode não ter uma idéia clara sobre o que *é* esta coisa chamada "leitura". Jess Reid mostrou que algumas crianças, mesmo depois de três ou quatro meses na escola, não conseguem dizer como o carteiro sabe em que casa deve entregar uma carta, ou como suas mães sabem que ônibus tomar. E não têm realmente compreensão alguma do que um adulto está fazendo quando segura um jornal em frente ao rosto e lhes diz: "Agora fiquem quietos!"

Por isso, a preparação para a leitura deveria incluir, como seu mais importante componente, tentativas de tornar as crianças mais conscientes da língua falada. Não se trata apenas de ajudá-las a usar a fala com mais eficiência; trata-se de ajudá-las a perceber o que estão fazendo. Por exemplo: muitas delas nunca notaram antes que o fluxo da fala, que produzem e interpretam há anos sem refletir, compõe-se de *palavras*. Entretanto, essa percepção é indispensável para lidarem de modo razoável com os traços agrupados e espaçados no papel que, como agora devem começar a entender, correspondem à linguagem falada. A percepção dessa correspondência — sobretudo de sua existência, menos de sua natureza — nunca deve ser tomada como um ponto pacífico. É essencial verificar se a criança entende que os traços no papel são uma versão escrita da fala. E, depois, é importante ajudá-la a reconhecer a utilidade e funções especiais da versão escrita — como um auxiliar da memória, como um meio de comunicação à distância, etc. Se tivermos cuidado com essas preliminares, a criança entenderá o sentido e o propósito do que vai fazer e será salva da perplexidade de lutar para dominar uma atividade cuja natureza não compreende.

Depois de iniciado o ensino da leitura, a maneira pela qual ela é ensinada pode ter uma importância enorme. Todos sabemos que chegar à alfabetização é de grande importância prática para a vida em nossa sociedade. Mas, se os argumentos dos capítulos anteriores estão corretos, o *processo* de se tornar alfabetizado pode ter efeitos marcantes — embora em geral ignorados — sobre o desenvolvimento mental. Pode fazê-lo mediante o estímulo de formas extremamente importantes de autoconsciência e autocontrole intelectual.

Logo fica evidente a possibilidade que formas diferentes de ensinar a leitura façam isso em diferentes graus. Uma das considerações fundamentais é o fato de a criança ter ou não ter tempo de parar. Numa fase posterior da vida dá-se muito valor à "leitura rápida", e é obviamente útil para um adulto ser capaz de ler rápido quando precisa. Mas a velocidade e o pensamento reflexivo são antitéticos em qualquer idade. I. A. Richards, enfatizando a importância do pensamento reflexivo, escreveu todo um livro sobre *How to Read a Page* — Como Ler uma Página.

Se quisermos estimular o desenvolvimento das faculdades reflexivas nos primeiros estágios, *não* será à velocidade e à certeza que deveremos dar ênfase. A criança da qual se espera que produza imediatamente o som certo sempre que uma palavra isolada é-lhe arremessada no que se convencionou chamar de "cartão relâmpago" não está considerando nenhuma possibilidade de interpretação. Quando não souber a resposta, estará sob pressão para adivinhar freneticamente, e não para fazer uma pausa, refletir e tomar consciência do que está fazendo.

Além disso, a técnica do "cartão relâmpago" não só tende a privar a criança de tempo como também a priva de outro pré-requisito para a consideração reflexiva das possibilidades. Pois esta só pode ocorrer quando há uma situação com estrutura suficiente para reduzir as possibilidades a uma série manejável. Só o tempo não é suficiente. Ninguém, criança ou adulto, pode pesar as possibilidades de uma situação em que elas são infinitas — ou mesmo muito numerosas. Ora, apesar de as palavras numa página estarem liberadas do contexto não-lingüístico (afora as ilustrações), normalmente ocorrem num contexto lingüístico: ocorrem em frases e parágrafos significativos. E é este contexto que pode ser usado para fornecer a estrutura.

A criança terá as maiores chances de começar a considerar

possibilidades de significado quando estiver lendo um texto coerente que contenha o equilíbrio correto entre palavras que já conhece bem e palavras sobre as quais não tem certeza, e quando, além disso, as partes conhecidas e familiares do texto forem construídas de modo a guiá-la para uma série manejável de opções quando se deparar com o desconhecido.

Isto traz consigo um outro requisito: a estrutura gramatical do texto não pode ser estranha demais às formas gramaticais da fala da criança. A palavra escrita difere da palavra falada de maneiras que ainda não consideramos. Seu desenvolvimento durante séculos acarretou a elaboração de formas literárias — inversões, expressões literárias, artifícios estilísticos de muitas espécies — que cavaram um grande fosso entre a língua que falamos e a língua que escrevemos. Podemos escrever, por exemplo, "A quem veria ele senão à velha mulher". Mas não diríamos isso de jeito nenhum.

As crianças devem aprender a dominar as formas literárias. Mas aprendem melhor a entender as possibilidades de significado se lhes permitirmos lidar, *no começo*, com as cadências familiares da língua falada[1]. Depois, as formas literárias devem ser introduzidas gradualmente, à medida que a competência da criança e sua confiança aumentam.

Sou grata a Jess Reid pelas muitas discussões que me ajudaram a ver estas coisas com mais clareza. Seu programa de leitura, *Link-up*, elaborado com Joan Low, é o único que conheço a levá-las realmente em conta.

A esperança, então, é que a leitura possa ser ensinada de forma a aumentar muito a consciência reflexiva da criança, não ape-

---

1. Acredito que isso seja verdade até para as crianças que, devido aos anos passados a ouvir histórias lidas para elas em casa, já têm alguma familiaridade com a estrutura da língua que escrevemos, como algo distinto da língua que falamos. É mais verdadeiro ainda para aquelas que não tiveram essa experiência ou que só a tiveram em grau limitado. Quanto a estas últimas, é da maior importância que, na escola, se leiam histórias para elas, as quais devem ser escolhidas pelas qualidades da linguagem, assim como pelos méritos da história.

nas da linguagem enquanto um sistema simbólico, mas dos processos de sua própria mente. Por muito importante que seja a leitura, porém, não há motivos para supor que seja o único caminho. Como disse Vygotsky: "Todas as funções superiores têm em comum a consciência, a abstração e o controle." E acreditava que todas as disciplinas escolares poderiam dar sua contribuição ao desenvolvimento da "consciência e do controle deliberado", que considerava "as principais contribuições dos anos de escola". Mas, repito, é claro que muito depende da maneira de ensinar. Por exemplo: quando se ensina a criança a operar com o sistema decimal antes de ela chegar a entender que se trata de um sistema entre outros possíveis, então, citando Vygotsky mais uma vez, "ela não domina o sistema, mas, ao contrário, é dominada por ele".

Claro que essa compreensão libertadora é o resultado final, não o ponto de partida. Não se pode começar o ensino de aritmética com uma aula sobre o conceito de base numérica. Mas, desde o começo, pode-se ter consciência de trabalhar para esse fim. E, desde o começo, pode-se tentar ajudar a criança a chegar a um grau de compreensão da natureza geral da atividade de aprendizado na qual está prestes a entrar, de modo que, antes de mergulhar na confusão dos detalhes, tenha ao menos um senso rudimentar do tipo de coisa que está buscando.

Isso já foi ilustrado no que diz respeito à leitura. Aplica-se igualmente a todas as matérias. Mas é importante reconhecer que dar esse primeiro vislumbre vital de uma matéria a uma criança pequena não é fácil[2]. Em primeiro lugar, implica pesadas exigências sobre a capacidade do professor de se descentrar (ver o Capítulo 2). O conhecimento que um adulto tem da natureza geral das matérias a serem ensinadas às crianças quando entram na escola pode estar tão bem estabelecido que constitui uma barreira

---

2. Nem só as crianças pequenas precisam desse tipo de ajuda. Um aluno que fora excelente em matemática na escola, mas que quase não aprendeu física, conta que teve uma dificuldade considerável nos primeiros estágios do estudo de física na universidade, porque não conseguia entender o tipo de diferença que existe entre a matemática e uma ciência física.

à percepção de quais são os tópicos em que a criança tem dificuldades e precisa de ajuda para que possa compreender.
O mesmo acontece quando são dadas instruções. O exemplo de Laurie Lee (ver o Capítulo 2) deve ser um lembrete vívido dos riscos. Nunca é fácil dar instruções "evidentes por si mesmas" a crianças pequenas. Muitas vezes as instruções não podem ser interpretadas de maneira correta sem informações que a instrução em si não proporciona e que a criança pode não ter. Quanto menor a criança e quanto maior o fosso entre a cultura da escola e a cultura de seu lar, maior é o risco. Por exemplo: se você pedir a uma criança que "olhe a ilustração que *vem depois* desta" quando ela não tem familiaridade com as convenções que governam a forma de ordenarmos as coisas na página, ela não tem condições de fazer o que lhe pedimos. Deve então ser considerada burra?

Não é possível que um professor, por muito sensível, imaginativo e bem informado que seja, preveja todas as dificuldades desse tipo que surgirão. Por isso, precisamos saber se é possível esforçarmo-nos mais para que as crianças nos digam quando não entendem algo e nos peçam mais informações. Peter Lloyd descobriu, nos estudos descritos no Capítulo 2, que é raro as crianças em idade pré-escolar pedirem informações espontaneamente depois de receberem uma mensagem insuficiente, mas que fazem isso muitas vezes depois de um encorajamento explícito. Este "aprender a perguntar" deve ter um valor em si mesmo, pois implica que a criança se torne consciente de sua incerteza sobre a interpretação do que o professor diz. Desse modo, sua autoconsciência aumenta.

As crianças diferem muito, evidentemente, em sua disposição a expressar sua falta de entendimento. Apesar da observação geral de Peter Lloyd, lembro-me vividamente de uma criança de escola maternal que parecia nunca deixar passar nada sem um interrogatório completo feito a qualquer adulto que estivesse disponível para responder. As diferenças individuais sempre nos acompanharão.

Para o professor, a diferença individual mais evidente talvez resida na facilidade com que as crianças podem ser ajudadas a obter novos conhecimentos. Vygotsky observa que, do ponto de vista educacional, é mais informativo saber o que uma criança pode fazer com "uma pequena ajuda" do que saber o que consegue fazer sem ajuda. Duas crianças podem ser iguais no que podem fazer sozinhas, mas não são igualmente fáceis de ajudar, como sabe todo professor. Uma maneira de encarar isso é dizer que a criança difícil de ajudar não está "pronta para aprender" — e então deixá-la por conta própria até que, com sorte, ela fique pronta. Outra maneira é dizer que a criança difícil de ajudar é a que mais precisa de ajuda — e então procurar descobrir exatamente o que ela precisa, onde estão suas deficiências atuais. Pois, como Bruner diz, estar "pronto" para aprender uma determinada habilidade consiste exatamente em já estar equipado com outras habilidades que são pré-requisitos.

A essência da arte do professor está em perceber que ajuda é necessária num determinado caso e qual a melhor forma de dar esta ajuda; e é claro que não há uma regra geral para isso. Mas talvez seja possível dizer algo útil sobre os *tipos* de ajuda que provavelmente serão valiosos. Uma dissertação recente de Robert Siegler trata desta questão.

O problema que Siegler estudou é o problema familiar dos "lados da balança": como prever qual dos lados de uma balança simples vai descer quando determinados pesos forem colocados em determinados pinos.

Siegler dispunha de algumas crianças de cinco anos e algumas de oito, que inicialmente pareciam resolver os problemas desse tipo exatamente da mesma forma. Então deu a todas as crianças bastante experiência daquilo que chamou de "problemas de conflito" — isto é, problemas em que havia mais pesos em um lado da balança, achando-se tais pesos, porém, a uma distância menor do fiel (por exemplo, quatro pesos no pino 2), enquanto no outro lado havia menos pesos, que, porém, estavam a uma distância maior (três pesos no pino 3). Isso significava que a atenção exclusiva ao peso devia gerar uma previsão, enquanto a atenção exclusiva à distância geraria outra. O que ocorreu então foi que as crianças de oito anos tenderam a lucrar com a experiência dos problemas de conflito e a desenvolver regras mais avançadas e mais adequadas; enquanto as crianças de cinco anos não pareciam ter sido afetadas em nada.

Assim sendo, poderíamos dizer que as crianças de cinco anos não estavam "prontas" para aprender, ao menos dessa forma. Mas isso não explica nada. Por que estas crianças não aprenderam? Siegler tentou descobrir.

Sua conclusão é que a diferença residia na forma de as crianças "codificarem" o problema, ou o representarem para si mesmas. O que estava em jogo era aquilo a que elas prestavam atenção — ou notavam — na estrutura do problema.

Siegler valeu-se de dois procedimentos para determinar o que as crianças estavam codificando ao considerarem o peso de uma balança no começo do problema. Primeiro fez observações individuais de um certo número de crianças enquanto procuravam resolver os problemas, fazendo-lhes perguntas e anotando seus comentários. Depois mostrou-lhes várias configurações de pesos colocados em diferentes pinos, mas, em vez de pedir uma previsão, pediu-lhes para olhar bem e depois construir a mesma configuração em outra balança, sendo a primeira removida. O valor desse procedimento de reprodução reside em ter fornecido evidências sobre o que a criança estava notando, evidências independentes da capacidade de a criança fazer previsões corretas.

Desse modo, Siegler mostrou que as crianças de cinco anos em geral observavam o número de pesos em cada lado da balança, mas ignoravam a distância desses pesos em relação ao fiel.

A questão depois era saber por que as crianças menores codificavam menos a distância que o peso — e o que poderia ser feito quanto a isso. Siegler tentou descobrir. Perguntou-se, por exemplo, se precisavam apenas de mais tempo, mas concluiu que essa não era a resposta. Tentou o artifício de simplesmente dizer às crianças o que notar, mas isso deixou a diferença de idade ainda intacta. Por fim, deu instruções muito explícitas para a cópia das configurações, seguindo-as de exercícios práticos. "Façam assim. Primeiro vocês contam o número de pesos deste lado — um, dois, três, quatro. Depois vocês contam o número de pinos a que os pesos estão do centro — um, dois, três. Aí vocês dizem a si mesmos 'quatro pesos no terceiro pino' " — e assim por diante.

Depois disso seguiram-se demonstrações feitas pelo experimentador, a resolução conjunta de um problema de cópia feita pela criança e pelo experimentador, e sete tentativas feitas pela criança com o experimentador a seu lado para lhe dizer quando errava.

Finalmente, as crianças de cinco anos que foram ensinadas a representar as configurações dessa maneira participaram de um experimento em que tiveram a mesma experiência com problemas de previsão do tipo "conflito", que antes não haviam produzido nenhum aprendizado aparente nas crianças desta idade. E agora obteve-se um resultado diferente: as crianças de cinco anos, assim como as de oito, conseguiram aproveitar a experiência e aprender a resolver problemas de previsão com mais sucesso. Ainda não aproveitaram tanto quanto as crianças de oito anos, mas fizeram um progresso substancialmente maior que antes. Estavam mais preparadas para aprender.

Não temos certeza alguma do quanto podemos generalizar os resultados de Siegler, mas parece provável que o que ele demonstrou seja algo geral. Se você quer resolver um problema, é desejável, no mínimo, que tenha condições de registrar as características relevantes para a solução. Também podem existir formas melhores ou piores de representar essas características — formas que as tornam mais ou menos fáceis de lembrar e guardar na memória[3]. E uma grande parte da tarefa do professor pode consistir em ajudar as crianças a elaborar representações internas eficientes do problema que se espera que resolvam.

Desse modo, a conclusão da pesquisa de Siegler sobre a "prontidão" confirma a idéia de que é importante ajudar a criança a ter um entendimento adequado da natureza das tarefas de

---

[3]. Alguns exemplos notáveis disso são dados por Bruner em *Toward a Theory of Instruction*, Capítulo 3.

aprendizado com as quais está envolvida. Mas antes, quando esta noção foi enfatizada, nós a estávamos considerando num nível muito genérico: o que *são* estas atividades de leitura ou de contar, ou qualquer outra, e para que servem? Agora estamos falando da importância de conseguir uma representação mais detalhada da estrutura da tarefa. É fácil ilustrar esse ponto com mais uma referência à leitura.

Ao passo que, no nível introdutório mais geral, a criança precisa entender que esses traços que vê no papel correspondem, de forma ainda não especificada, à linguagem falada, sua tarefa seguinte é a de entender os detalhes dessa correspondência. Mas entre a extrema generalidade de entender que *há* uma correspondência e o extremo detalhe de aprender o que cada configuração de letras significa, surge a questão intermediária: que tipo de correspondência é essa?

A hipótese mais óbvia que a criança tende a desenvolver para responder a esta pergunta é a de que a correspondência seja do tipo um-a-um. Isto é, depois de entender que as palavras escritas são compostas de letras e as palavras faladas de sons, o mais provável é que suponha inicialmente que cada letra corresponda a (ou "signifique", ou "represente") um e apenas um som.

Isso, como sabemos, não é verdade. E se a criança acreditar que a relação tem esse tipo de estrutura, logo estará em sérias dificuldades. Mas os professores muitas vezes encorajam sistematicamente a criança a acreditar nessa falsidade que ela está tão pronta a aceitar. Ensinam-lhe que a letra *e* corresponde ao som /ɛ/, como em *hen*, embora seja óbvio que a criança não tem condições de fazer qualquer progresso como leitor sem encontrar palavras como *he* e *me* [onde a letra *e* tem som de /i/].

É verdade que a regra geral falsa costuma ser logo seguida de outras que têm o objetivo de corrigi-la, como a do "*e* mágico no fim de uma palavra que faz com que a vogal diga seu nome". Embora exista a palavra *here* [pronuncia-se hir], também existem, ai de nós, as palavras *there* e *were*! [dhèr e uèr.]

A questão é, portanto, saber se a natureza da correspondência entre as unidades da língua inglesa escrita e as da língua inglesa falada não deveria ser explicada a uma criança praticamente desde o momento em que olha pela primeira vez para as palavras escritas de forma analítica, com atenção para as letras e a ordem destas. A verdade é que, para a maioria das letras — e para certos grupos de letras —, existe uma série de opções no sistema sonoro. A correspondência não é um-a-um; é um-a-n, isto é, um-a-dois, um-a-três ou mais[4]. Assim, a letra *c* pode ser pronunciada como em candle (som de k) ou pode ser pronunciada como em icing (som de s).

Parece ser crença geral que as crianças não podem saber da verdade sobre o sistema desde o começo porque não seriam capazes de lidar com tantas complexidades. Acredito que se trata de um erro. O que está por baixo deste erro é, penso eu, a incapacidade de fazer uma distinção crucial — a incapacidade de entender a diferença entre a compreensão da natureza do sistema e o domínio de todos os padrões individuais de relação. Será preciso inevitavelmente um certo tempo para que a criança aprenda todas as séries de correspondências. A questão é saber se vai fazer isso melhor caso seja corretamente informada sobre o tipo de coisa pela qual deve esperar.

Não há razão para supor que as crianças de cinco anos não consigam entender um sistema que contenha opções. Já vimos que, desde tenra idade, elas têm uma certa compreensão de situações nas quais cabem mais de uma possibilidade. Sabem muito bem que você pode caminhar, ir de bicicleta ou ir de carro. Sabem muito bem que, se alguém não está na escola, pode estar com rubéola, com resfriado ou matando aula. E Barbara Wallington demonstrou que, pelo menos com a idade de três anos e meio, elas podem entender e operar com afirmações do tipo "a casinha está ou nesta caixa ou naquela".

---

4. Também há, naturalmente, uma série de correspondências no sentido oposto — isto é, dos sons aos símbolos escritos. Assim, um determinado som pode ser representado de várias formas — por exemplo, /k/ pela letra *k*, ou pela letra *c*, ou pelas letras *ck*. Mas essas relações entre som e símbolo escrito dizem respeito à ortografia, e não à leitura. É evidentemente de grande importância que a criança receba ajuda para evitar confusões sobre isso. Hoje em dia, esta ajuda muitas vezes não é fornecida.

É raro que as crianças pequenas formulem espontaneamente hipóteses que especifiquem alternativas — mas esta é outra questão. Mais razão ainda, se o sistema com que estão lidando realmente envolve opções, para lhes dizermos isso[5]. Elas então vão entender qual o *tipo de coisa* que têm de aprender. Essa forma de proceder não parece apenas oferecer mais esperanças de que se domine a faculdade de decodificar as palavras. Tem a vantagem mais geral — se as idéias que norteiam todo este livro estão bem fundamentadas — de encorajar a consciência dos processos mentais e o pensamento reflexivo.

As crianças, mesmo as bem pequenas, não se deixam levar passivamente. Inventam e descobrem ativamente, usando o que lhes dizemos como ponto de partida. Mas não devemos procurar atrapalhá-las, desestimulando-as quando se acham em pontos de partida em que a estrada é desnecessariamente longa e árdua. Lembro-me da história do homem que, quando lhe perguntaram como chegar a Little Boglington, respondeu: "Se eu fosse você, não partiria daqui."

Lauren Resnick, falando de seus estudos sobre o ensino da matemática, insiste em que não devemos subestimar a força da tendência infantil de empenhar-se num processo de invenção ativa. Diz ela que nós "não estamos tanto diante da escolha entre ensinar segundo as regras e ensinar pela descoberta, quanto diante do problema de descobrir regras de ensino que intensifiquem a probabilidade da descoberta". E enfatiza que as regras das quais se espera que possam satisfazer esse requisito nunca devem ser regras que obscureçam a estrutura da tarefa.

Mas, por mais hábeis que nos tornemos na demonstração da estrutura de uma determinada tarefa e na ajuda que damos à criança para que a represente para si mesma de forma eficiente, não devemos nos iludir. O aluno, quando é um descobridor ati-

---

5. Essa opinião é corroborada por Gibson e Levin em seu excelente livro *The Psychology of Reading* — A Psicologia da Leitura. Concluem eles que: "A natureza do sistema de correspondências deve ser revelada logo que possível, para haver uma otimização da transferência" (p. 73).

vo, vai cometer erros. Por isso, é bom refletir um pouco sobre o papel do erro no processo de aprendizagem e sobre o que devemos fazer com ele.

Segundo algumas teorias educacionais, o erro nunca é uma coisa boa, e é uma parte importante da função do professor manter seus alunos longe do erro, planejando cada passo do caminho para que eles evitem os escorregões.

Esse tipo de noção educacional tende a andar de mãos dadas com a crença de que a mola mestra do aprendizado é a recompensa ou o castigo administrados de fora. Segundo esta visão, o aprendizado ocorre quando as respostas certas são "incutidas" e as erradas são "eliminadas" — é tudo quanto há a fazer. O melhor, então, parece ser evitar que as respostas erradas cheguem a ocorrer.

Não há dúvida de que existem certas situações de aprendizado em que algo deste tipo realmente acontece, e onde é melhor evitar-se os erros. Mas também é muito claro que o erro pode desempenhar um papel altamente construtivo no desenvolvimento do raciocínio. Sabe-se hoje que o advento do erro pode ser um sinal de progresso (o que, evidentemente, não significa que todo erro deva ser interpretado dessa forma). Geralmente, observa-se a seguinte seqüência: primeiro, a criança faz algo corretamente; depois, começa a fazer erros sistemáticos; e, por fim, volta ao que, visto de fora, parece ser a resposta correta original.

Muitos exemplos podem ser dados, mas um deles, apresentado numa dissertação recente de Annette Karmiloff-Smith e Bärbel Inhelder, é particularmente interessante sob certos aspectos.

A tarefa dada às crianças era a de equilibrar uma série de blocos sobre uma trave estreita de madeira. Às vezes, os blocos tinham o peso distribuído regularmente pelo seu comprimento, de modo que o centro de gravidade e o centro geométrico coincidiam; às vezes, tinham mais peso em um dos lados. Quando o peso não era simétrico, as diferenças entre as extremidades podiam ser visíveis ou não: às vezes os blocos tinham mais peso graças a peças de metal escondidas dentro deles.

Nessa tarefa, os sujeitos mais novos foram muitas vezes bem-sucedidos em situações em que os mais velhos fracassaram e os mais velhos ainda tiveram êxito. O que parece ter acontecido foi que as crianças muito novas eram guiadas quase inteiramente pela "sensibilidade" aos blocos: não dispunham de nenhum tipo de teoria. Pegavam cada bloco por sua vez e simplesmente o equilibravam. Mas certas teorias primitivas — "teorias-em-ação", como as autoras as chamam — logo entraram em cena. As crianças começaram a tentar operar sistematicamente e de acordo com regras. Note que não se tratava de um estudo de ensino — as crianças desenvolviam as regras espontaneamente.

Claro que muitas vezes aconteceu de as crianças não enunciarem as regras que estavam usando, embora observações do tipo "As coisas sempre se equilibram no meio" tenham sido registradas. Entretanto, mesmo sem essas formulações explícitas, a "existência" de regras pode ser inferida da observação do comportamento, assim como a utilização de certos tipos de regra gramatical é inferida da fala das crianças muito antes de estas conseguirem se dar conta do que são essas regras.

Esse é o tipo de coisa que se observou acontecer: as crianças do estágio intermediário erguiam um bloco com o peso distribuído de forma assimétrica e, ignorando aparentemente a "sensibilidade", colocavam-no sobre a barra no ponto médio de seu comprimento. O bloco caía. Elas tentavam de novo, fazendo exatamente a mesma coisa — e é claro que o bloco caía outra vez. Mas, às vezes, a regra do "ponto médio" funcionava para alguns dos blocos, cujo peso estava distribuído por igual. Esse sucesso parcial parecia o bastante para manter a teoria viva durante algum tempo. Era como se a criança tivesse de consolidar sua primeira teoria antes de modificá-la de maneira a lidar com as provas em contrário. E, então, a teoria modificada tendia a se desenvolver ao lado da original, em vez de excluí-la de repente.

Não é de surpreender que, quando se elaboram as primeiras regras para se lidar com um sistema complexo, elas pareçam insuficientes e excessivamente simplificadas[6], de modo que sua

---

6. O fato de as hipóteses que a criança desenvolve por si mesma serem, com freqüência, simplificadas demais pode ser usado como argumen-

aplicação leve ao erro em certos casos. O que é interessante é a maneira pela qual as regras insuficientes são substituídas por outras melhores e os erros são transcendidos.

No caso que acabamos de considerar, a situação era tal que a criança podia ver claramente que sua teoria estava errada. Às vezes, isso não é tão óbvio — e estar errado sem saber não tem muito valor, evidentemente! Por isso, para que procuremos aproveitar a ocorrência do erro na educação, devemos perguntar-nos como podemos fazer as crianças tomarem consciência de seus erros — como ajudá-las a ter a percepção decisiva: "Estou errada!"[7]

Há um famoso exemplo histórico em que um grande mestre faz exatamente isso. No diálogo chamado *Mênon*, Platão descreve como Sócrates deu uma lição de geometria a um menino escravo.

O menino começou a lição com a crença falsa de que, caso se dobrasse a área de um quadrado, dobrar-se-ia portanto o comprimento de seus lados. Desse modo, se um quadrado de 2 pés por 2 pés tem uma área de 4 pés quadrados, outro quadrado com o dobro desta área, ou seja, de 8 pés quadrados, teria lados com o comprimento duas vezes maior, ou seja, de 4 pés.

Sócrates passa, através de uma série de perguntas, a levar o menino a entrar em contradição consigo mesmo. O menino reconhece então que sua crença original estava errada e que ele não sabe qual o comprimento que o lado do novo quadrado deve ter para que sua área seja o dobro da área do primeiro. Quando se chega a este ponto da lição, Sócrates faz o seguinte comentário:

---

to para que se lhe apresentem regras simplificadas demais, acreditando-se que isso de certa forma "esteja de acordo com a natureza". Mas, em minha opinião, esse argumento é suspeitíssimo. O que a criança elabora para si mesma tem um *status* muito diferente, em sua mente, daquilo que lhe diz um adulto com autoridade. Uma coisa é dar um bom uso educacional a erros que surgem espontaneamente; apresentá-los é coisa bem diferente.

7. Devemos nos perguntar também como podemos ajudar a criança a enfrentar e superar seus próprios erros sem sentir-se derrotada e renunciar à tarefa de aprender — isso, porém, mais tarde (ver o Capítulo 10).

No começo, ele não sabia qual o comprimento do lado do quadrado de 8 pés (quadrados). Agora, com efeito, também não sabe, mas antes pensava saber e respondeu afoitamente, como era apropriado — não sentia nenhuma perplexidade. Mas, agora, ele está perplexo. Não apenas não sabe a resposta — nem sequer pensa que sabe.

Em outras palavras, o menino escravo agora tem *consciência* de seu erro. Sócrates argumenta depois que, ao deixar o menino perplexo, deixou-o em melhores condições, pois agora o menino quer saber. Enquanto pensava saber, não havia, evidentemente, nenhuma esperança de mudar, pois estava satisfeito com seu estado. Mas não pode estar satisfeito com um estado de ignorância e confusão. Vai querer sair dele.

Dificilmente poderíamos contestar a primeira destas duas afirmações. Mas, e quanto à outra? O menino *vai* querer sair daquele estado? Ou vai apenas ficar desanimado e desistir?

O que nos leva a querer aprender?

CAPÍTULO 10
O DESEJO DE APRENDER

Desde uma idade muito tenra, os bebês humanos dão sinal de um grande anseio de dominar seu meio ambiente. Estão limitados quanto ao que podem fazer pelo lento desenvolvimento de sua capacidade de controlar os próprios movimentos. Por isso é justo dizer que são "indefesos" no sentido de que não conseguem manipular o ambiente de forma que baste para sobreviverem sem ajuda. Isso torna ainda mais interessante a descoberta de que o anseio de manipular o ambiente já se faz presente nessa época de desamparo, e que não parece derivar de nada mais, nem depender de qualquer recompensa além da aquisição da competência e do controle.

No passado, acreditou-se durante algum tempo que os bebês — e outros seres — aprendiam a fazer coisas porque certos atos atraíam "recompensas"; e não há razões para duvidar de que isso seja verdade. Mas também era crença geral que as recompensas eficazes, ao menos nos primeiros estágios, tinham de estar diretamente relacionadas com "impulsos" fisiológicos básicos, como a sede e a fome. Em outras palavras, um bebê aprenderia com isso se conseguisse alimento, bebida ou algum tipo de conforto físico, e não de outro modo.

Agora se sabe que isso não é verdade. Os bebês aprendem certos comportamentos que produzem resultados no mundo sem outra recompensa além do êxito de seu esforço. Como exemplo de trabalho que mostra isso claramente, vamos examinar alguns estudos realizados por Hanus Papousek.

Papousek começou usando leite da maneira normal, para "recompensar" os bebês que estudava e assim ensiná-los a realizar alguns movimentos simples, como virar a cabeça para um lado ou para outro. Percebeu então que uma criança que já bebera bastante leite se recusava a tomar mais, mas mesmo assim continuava dando a resposta aprendida com claros sinais de prazer. Por isso, ele começou a estudar as respostas das crianças em situações em que não se dava leite algum. Logo descobriu que crianças de apenas quatro meses aprendiam a virar a cabeça para a direita ou para a esquerda se o movimento "ligasse" um mostrador de luzes — e que eram de fato capazes de aprender seqüências bastante complexas de viradas de cabeça para conseguir esse resultado. Por exemplo: podiam aprender a virar a cabeça alternadamente para a esquerda e para a direita; podiam também fazer viradas alternadas duplas (duas para a esquerda, duas para a direita); ou chegar a até três viradas consecutivas para um mesmo lado.

O mostrador de luzes de Papousek era colocado diretamente em frente das crianças, e ele fez a interessante observação de que às vezes elas não se voltavam para olhar as luzes de perto, embora "sorrissem e fizessem bolhas com a saliva" quando o mostrador era ligado. Papousek concluiu que a fonte primária de seu prazer não era a visão das luzes, mas o êxito na resolução do problema, no domínio da capacidade. Se ele está certo quanto a isso — e há uma quantidade considerável de outras evidências confirmadoras —, podemos concluir que existe um anseio humano fundamental de dar sentido ao mundo e tê-lo sob controle deliberado.

Papousek diz ainda que, ao procurarem adquirir este controle, os bebês estão verificando as informações recebidas sobre o mundo, comparando-as a uma espécie de "padrão" interior. E isso equivale a dizer que já estão empenhados em construir uma espécie de "modelo" de certos pedacinhos do mundo — uma representação mental deles. Por isso, experimentam satisfação quando a correspondência entre o modelo e o mundo é boa, e insatisfação quando é ruim — isto é, quando o resultado esperado não ocorre, quando as luzes não se acendem. Papousek fala de um "aumento de tensão e, por fim, aborrecimento e sinais de desagrado" no último caso.

Bem, com base na mais simples noção do que toma parte na adaptação, não é de surpreender que a insatisfação surja quando a previsão falha. Assim que uma espécie animal abandona sua confiança nos padrões instintivos de comportamento e começa, em vez disso, a confiar na construção de representações interiores e de previsões, torna-se decisivo para a sobrevivência o fato de chegar às previsões certas. Desse modo, a percepção de incongruência entre nossa idéia do mundo e a forma pela qual ele se revela deve naturalmente nos levar a querer entendê-lo melhor. E muitas teorias diferentes sobre o desenvolvimento do pensamento inteligente enfatizam que esse tipo de conflito cognitivo é inaceitável para nós, sendo algo de que tentamos livrar-nos. Depois dos primeiros estágios, o conflito pode dar-se entre partes diferentes de nosso modelo de mundo. Quando chegamos a enfrentar o fato de que mantemos duas crenças incompatíveis, achamos este fato desagradável. E é o que deveríamos achar. Pois é axiomático que as diferentes partes de um modelo devam encaixar-se umas nas outras.

Esse argumento nos traz, evidentemente, de volta ao que foi dito no último capítulo sobre o valor educacional da tomada de consciência do erro. Mas há mais duas considerações que agora precisam ser acrescentadas. Em primeiro lugar, não é só quando os eventos nos obrigam a ver as incongruências que procuramos resolvê-las. Às vezes saímos em busca delas de forma positiva, como se gostássemos de lidar com coisas que ainda não compreendemos, coisas que nos desafiam intelectualmente. Mas, em segundo lugar, é possível que nós, ao contrário, tenhamos medo de nos depararmos com a incongruência, medo de perceber que estamos errados, e podemos, por isso, tomar medidas para nos defender desse reconhecimento, evitando as situações que têm probabilidade de fazê-lo surgir. Podemos bater em retirada.

Essas são reações que se colocam em nítida contraposição,

e a diferença entre elas é de crucial importância para a educação. A educação deve ter como meta encorajar a disposição de enfrentar a incongruência, e até mesmo de sair em sua busca de forma positiva, desfrutando o desafio. Deveria igualmente ter como meta desestimular a defesa e a retirada. Mas, na prática, muitas vezes parece ocorrer exatamente o oposto. As razões disso não podem ficar claras sem a consideração de um outro tópico: o desenvolvimento da auto-imagem.

Somos criaturas que fazem perguntas; somos criaturas que fazem julgamentos de valor, achando algumas coisas boas e importantes, outras ruins ou insignificantes; e somos criaturas que constroem modelos do mundo. Ao longo do tempo, estes modelos chegam a incluir uma representação de nós mesmos como parte do mundo. Por isso é inevitável chegarmos à pergunta: qual o meu valor? E também é inevitável que a resposta seja da maior importância para nós.

Quando a criança faz esta pergunta pela primeira vez, como vai obter a resposta? Uma forma óbvia é procurar descobrir qual o valor que os outros lhe dão. Com o aumento da maturidade, quando talvez tiver conseguido desenvolver um sistema de valores próprio e mais independente, os julgamentos dos outros podem vir a importar menos. Mas enquanto ainda é uma criança pequena, eles estão fadados a exercer uma influência poderosa sobre a auto-estima.

Afirmei que existe um anseio humano fundamental de ser eficiente, competente e independente, de entender o mundo e agir com habilidade. Lembro-me de uma menininha de dezoito meses, um pouco precoce em termos verbais, que, quando lhe ofereciam qualquer ajuda, costumava dizer com firmeza: "Sabe fazer." A este anseio básico de "se virar", nosso tipo de cultura acrescenta uma aprovação social muito grande a certas competências. Pode-se dizer que, de certa forma, *não* estimulamos a competência — que mantemos nossos filhos dependentes demais por tempo demais, negando-lhes a oportunidade de exercitar sua capacidade muito considerável de iniciativa e ação responsável. Isso talvez seja difícil de evitar numa sociedade urbana complexa com uma tecnologia altamente desenvolvida. No entanto, no interior de nosso sistema educacional pelo menos, há com certeza uma grande aprovação social da competência no domínio das faculdades mais desenraizadas da mente. Por isso, a criança que consegue vencer esses novos desafios quando entra na escola será extremamente valorizada pelos professores — e, com excessiva freqüência, a criança que fracassa inicialmente não será nem um pouco valorizada. Em qualquer dos casos, a criança logo descobre que está sendo julgada pelo que faz. O fato de que, muitas vezes, a criança já se decidiu quanto à sua competência cognitiva antes mesmo de entrar na escola é enfatizado por Marion Blank, que fala da ocorrência de observações como "Sou burro", "Não consigo", "Sou estúpido" e "Não sei fazer as coisas" entre certas crianças do jardim da infância diante de alguma exigência cognitiva.

Não pode haver dúvidas de que, quando decidimos não enfrentar um determinado tipo de desafio, tendemos a desistir e evitá-lo. Bruner faz uma distinção muito clara entre "enfrentar" e "defender", que equipara à distinção entre "jogar tênis, por um lado, e lutar como uma fera para ficar bem longe da quadra de tênis, por outro". É claro que as pessoas são de fato diferentes quanto à perseverança que demonstram ante o fracasso persistente. Dizem que Robert the Bruce observou a tenacidade de uma aranha e resolveu tentar de novo. Mas, provavelmente, a aranha não tem uma auto-imagem para perturbá-la, e Robert the Bruce era um homem maduro que sem dúvida tinha uma auto-imagem forte e resistente.

Szasz tem o seguinte a dizer sobre o assunto:

> Os definidores (isto é, as pessoas que insistem em definir as outras) são como microrganismos patogênicos: invadem, parasitam e muitas vezes destroem sua vítima; e, em todos os casos, aqueles cuja resistência é baixa são os mais suscetíveis ao ataque. Por isso, aqueles cujas defesas imunológicas são fracas são os que têm mais probabilidades de contrair doenças infecciosas; e aqueles cujas defesas sociais são fracas — isto é, os jovens e os velhos, os doentes e os pobres, etc. — são os que têm mais probabilidades de contrair definições ofensivas de si mesmos.

Quando a criança é definida como um fracasso, é praticamente certo que vai fracassar, ao menos nas coisas que os definidores valorizam; e talvez, mais tarde, venha a reagir violentamente contra os que a definiram dessa forma.

Assim, sabemos ao menos o que evitar. Mas não devemos evitar isso apenas na superfície do nosso comportamento. Quando não respeitamos e valorizamos genuinamente as crianças, temo que elas acabem sabendo.

Por mais importante que seja evitar infectar as crianças com "definições ofensivas", isso não é o bastante. Mais que isso é necessário. Quando se trata de auto-estima, nem mesmo uma criança pequena depende inteiramente da visão dos outros para formar seus juízos. Pois, muitas vezes, pode perceber muito bem, por conta própria, como está se saindo. Paquita McMichael, num interessante estudo da relação entre a capacidade de leitura precoce e a auto-imagem, concluiu que havia um bocado de verdade objetiva nas afirmações das crianças a respeito de sua competência. "Quando concordavam que não estavam sendo capazes de fazer as coisas tão bem quanto algumas outras crianças, estavam admitindo uma realidade."

Portanto, uma parte muito importante do trabalho de um professor — ou de um dos pais no papel de mestre — é guiar a criança para tarefas em que consiga objetivamente se sair bem, mas não com facilidade excessiva, não sem fazer algum esforço, não sem dificuldades a serem vencidas, sem erros a serem superados, sem soluções criativas a serem encontradas. Isso significa avaliar suas capacidades com sensibilidade e precisão, entendendo os níveis de sua confiança e energia, e respondendo a seus erros de forma proveitosa.

A maioria dos professores concordaria com isso, penso eu, mas não se trata de algo fácil de conseguir na prática, e não há uma fórmula geral para o sucesso. Mas uma discussão valiosa de episódios de ensino na qual se objetivava obter exatamente isso é apresentada no livro de Marion Blank, *Teaching Learning in the Preschool* — Ensinando a Aprender na Pré-escola. Ela diz que é essencial permitir a ocorrência de erros, mas que a eficácia de todo ensino depende criticamente da forma pela qual o professor lida com as respostas erradas. Marion Blank faz muitas sugestões práticas específicas sobre isso, mas reconhece que não é possível, no momento, apresentar regras para a aplicação exata de sua técnica — ela continua sendo uma arte. É evidente que muitas coisas dependem da personalidade da criança. As formas que funcionam com uma criança passiva e reservada não funcionam com uma criança impulsiva e hiperativa. E, quando a criança está indo muito mal, é necessário concentrar-se em ajudá-la a superar as dificuldades sem demora.

Devemos notar que Blank desenvolveu suas técnicas para serem utilizadas numa situação de ensino um-a-um. Admite plenamente as dificuldades de aplicá-las a um grupo. Mas continua sendo verdade que os tipos de propostas de ensino pelos quais se interessa são de importância fundamental, e com certeza só teremos a ganhar conhecendo-os melhor.

A forma tradicional de estimular as crianças a desejarem aprender as coisas que lhes queremos ensinar consiste em dar-lhes recompensas pelo sucesso: prêmios, privilégios, estrelas douradas. Dois riscos graves acompanham essa prática. O primeiro é óbvio ao senso comum; o segundo, muito menos.

O risco óbvio diz respeito às crianças que não conseguem as estrelas, pois essa é apenas mais uma forma de defini-las como fracassadas. O outro risco está relacionado a todas as crianças — "vencedoras" e "perdedoras" igualmente. Existem agora evidências substanciais apontando para a conclusão de que, quando uma atividade é recompensada com algum prêmio ou símbolo extrínseco — algo bem externo à atividade em si —, é menos provável que esta atividade seja realizada mais tarde de forma livre e voluntária na ausência de recompensas, e é menos provável que seja desfrutada.

Isso agora está demonstrado por numerosos experimentos feitos com sujeitos cuja idade variava desde os três ou quatro anos até a idade adulta.

Um estudo, de M. R. Lepper e seus colegas, foi realizado numa escola maternal. Algumas crianças receberam material de desenho e se lhes disse que ganhariam um prêmio se desenhassem; elas, devidamente, o fizeram. Outras crianças receberam o mesmo material, mas sem prêmios, nem conversas sobre prêmios. Alguns dias depois, todas as crianças tiveram a oportunidade de usar aquele mesmo material outra vez numa situação em que muitos outros brinquedos estavam também à sua disposição. A questão era: será que os grupos mostrariam diferença na quantidade de tempo que passariam desenhando? Seria de esperar que as crianças premiadas voltassem mais prontamente à situação que fora "reforçada". Mas o oposto aconteceu. As crianças premiadas passaram uma quantidade menor de seu tempo desenhando.

Quando deixamos de tomar como critério o tempo despendido livremente numa atividade, e passamos a considerar a própria afirmação da pessoa sobre o quanto se divertiu, o mesmo tipo de coisa aparece: a recompensa material extrínseca tende a diminuir o prazer. As crianças (e os adultos) que receberam prêmios por fazerem algo tendem a dizer que gostam menos daquilo que as crianças que não receberam nada. E certos indícios dão a entender até que a qualidade do que se produz pode declinar.

Essas descobertas levam imediatamente a uma outra questão: se você disser a uma criança que ela está indo bem, também a estará recompensando; e, por isso, talvez corra o mesmo risco que correria se lhe oferecesse um prêmio. Afinal de contas, a aprovação verbal é uma espécie de prêmio. E, com certeza, como um objeto material, é extrínseca à atividade em si — algo acrescentado a ela no fim.

As evidências disponíveis dão a entender que os efeitos de dizer a alguém que está se saindo bem não são os mesmos de dar-lhe um prêmio. R. Anderson, S. T. Manoogian e J. S. Reznick, por exemplo, realizaram um estudo muito semelhante ao de Lepper e seus colegas (ver acima), exceto por duas condições adicionais, sendo que, numa delas, as crianças eram elogiadas por seus desenhos. Os resultados do estudo de Lepper foram confirmados: a atribuição de recompensas materiais relacionava-se com uma redução no tempo despendido com a atividade mais tarde. Mas o encorajamento verbal teve o efeito oposto. E isso é uma coisa boa. Se não fosse assim, os professores teriam de enfrentar um dilema desconcertante. Pois as crianças precisam saber como estão indo. Como vimos, elas muitas vezes têm uma idéia muito precisa disso — e algumas tarefas o tornam muito evidente. As crianças pequenas que receberam a tarefa de equilibrar os blocos numa barra estreita (ver p. 105) podiam ver por si mesmas se os blocos ficavam no lugar ou caíam. Por isso podiam desenvolver teorias, descobrir as inadequações destas teorias e desenvolver outras melhores, tudo isso sem nenhum tipo de recompensa externa. É algo que vem dar apoio à tese do "aprendizado pela descoberta". Mas não é igualmente possível, em todos os tipos de aprendizado, criar situações nas quais a criança possa ver por si mesma o resultado de seus esforços. Muitas vezes é preciso dizer-lhe. Ela precisa ouvir: "Muito bem, você conseguiu!" ou "Não, está errado[1]. Tente de novo."

É evidente que estes comentários não se limitam apenas a dar uma informação objetiva dos resultados. Não há a menor dúvida de que não são neutros. Mas talvez seja importante, para a compreensão da diferença entre palavras de elogio e estrelas douradas, estabelecer uma distinção entre recompensa e reconhecimento, admitindo que temos uma necessidade muito grande de comunicar nossas realizações aos nossos semelhantes e vê-las confirmadas em seus olhos. Assim, Gerard Manley Hopkins, que considerava sua vocação de jesuíta incompatível com a publicação de sua poesia enquanto estivesse vivo, revela em suas cartas — principalmente em suas cartas a Robert Bridges — como isso era difícil para ele: "Em assuntos de qualquer espécie há um momento em que o estímulo de outrem se me faz absolutamente necessário, como a chuva para as plantas..." E continua corajosamente: "... depois, sou independente." Mas muitos de nós nunca chegam a esse tipo de independência. E as crianças pequenas com certeza não a puderam atingir ainda.

---

1. Note que, quando se diz à criança "Ótimo", quer ela tenha feito a coisa realmente bem ou não, o valor informativo do comentário é destruído. É uma arte sutil dar informação genuína e encorajar ao mesmo tempo.

A condição final que Anderson e seus colegas incluíram em seu estudo (ver p. 116) é pertinente a este assunto. Nessa condição, o experimentador começava declarando-se interessado "na forma pela qual os meninos e meninas desenham" — e depois recusava-se firmemente a manifestar de alguma forma esse interesse. Uma criança poderia mostrar um desenho, tentando, como o relato do estudo diz, "obter algum reconhecimento ou validação". Mas não conseguia nada. O experimentador ignorava todas essas tentativas, virando o rosto e dizendo: "Estou ocupado." Não é de surpreender que as crianças que receberam esse tratamento tenham acusado a maior redução no tempo que depois passaram desenhando.

Isso ainda nos deixa por resolver a questão de por que as recompensas materiais extrínsecas tendem a produzir efeitos perniciosos. A explicação que melhor organiza os fatos conhecidos parece ser a de que nós desfrutamos mais e nos empenhamos mais prontamente em atividades que *experienciamos como sendo livremente escolhidas*. Não gostamos de ser controlados, gostamos de nos controlar. À medida que a recompensa é vista como um meio de controlar nosso comportamento, tende a diminuir nosso interesse e nosso prazer. Claro que podemos trabalhar muito para conseguir a recompensa naquela hora e enquanto esperarmos por mais recompensas, mas é menos provável que continuemos com a atividade quando a recompensa for eliminada.

Isso é ilustrado de forma notável pela seguinte história (citada por E. L. Deci em seu livro *Intrinsic Motivation* — Motivação Intrínseca).

> Numa cidadezinha do sul, onde a Klan estava atacando outra vez, um alfaiate judeu teve a temeridade de abrir sua lojinha na rua principal. Para expulsá-lo da cidade, o chefe da Ku Klux Klan mandou um bando de meninos vagabundos irritá-lo. Dia após dia eles se postavam na entrada da loja. "Judeu! Judeu!", gritavam-lhe. A situação parecia séria para o alfaiate. A questão preocupava-o tanto que ele começou a remoê-la, passando noites sem dormir. Por fim, no fundo de seu desespero, urdiu um plano.
>
> No dia seguinte, quando os pequenos arruaceiros chegaram para aborrecê-lo, ele veio até a porta e lhes disse: "De hoje em dian-

te, todo menino que me chamar de 'Judeu' vai ganhar de mim uma moeda de dez centavos." E então enfiou a mão no bolso e deu uma moeda de dez centavos a cada menino.

Deliciados com o lucro, os meninos voltaram no dia seguinte e começaram a gritar, "Judeu! Judeu!" O alfaiate saiu a sorrir. Enfiou a mão no bolso e deu uma moeda de cinco centavos a cada menino, dizendo: "Uma moeda de dez centavos é demais — hoje só posso dar uma moeda de cinco centavos." Os meninos foram embora satisfeitos porque, afinal de contas, cinco centavos também era dinheiro.

Mas quando voltaram no dia seguinte para apoquentá-lo, o alfaiate deu apenas uma moeda de um centavo a cada um.

"Por que só ganhamos um centavo hoje?", vociferaram eles.

"É só o que posso pagar."

"Mas há dois dias você nos deu dez centavos, e ontem ganhamos cinco. Não é justo, senhor."

"É pegar ou largar. É tudo quanto vocês vão conseguir!"

"Acha que vamos chamá-lo de 'Judeu' só por um reles centavo?"

"Então não chamem!"

E eles não chamaram mais.

Tudo isso leva a um dilema fundamental para aqueles que querem ensinar as crianças. Fortes razões apontam para a necessidade de que se exerça um controle. A criança pequena não é capaz de decidir por si mesma o que aprender: é simplesmente ignorante demais. E precisa de nossa ajuda para apoiá-la durante o processo real de aprendizado. Whitehead fala disso de maneira vívida: "Afinal de contas, a criança é herdeira de longas eras de civilização, e é absurdo deixá-la vagando no labirinto intelectual dos homens do período glacial."

Por outro lado, nunca devemos esquecer as crianças que, tendo aprendido a gritar "judeu" por dez centavos, não gritariam mais quando o pagamento foi suspenso. E há claras evidências de que, quando tentamos exercer o controle, não pela recompensa, mas pelo castigo, os efeitos negativos são piores ainda. Se, quando nos deixam, nossos alunos afastam-se do que lhes ensinamos, o ensino terá certamente sido em vão.

As pessoas mais agudamente conscientes desse último perigo tendem a chamar a si mesmas de "progressistas" e a defender a "liberdade". As pessoas mais agudamente conscientes do primeiro perigo — o perigo de deixar as crianças vagando pelos labirintos intelectuais da pré-história — são os advogados da "educação formal" e da "disciplina".

Só consigo ver uma saída para esse dilema: é exercer o controle quando necessário e com a mão leve, e nunca se comprazer com essa necessidade. É possível, afinal de contas, que o controle seja mais ou menos importuno, mais ou menos ostensivo. E muito vai depender também daquilo que o professor considera ser o objetivo do controle. Se o objetivo supremo do controle é tornar-se desnecessário, se o professor deseja obviamente que as crianças se tornem seres competentes, autodeterminantes e responsáveis e acredita que sejam capazes disso, então estou convencida de que o risco de rejeição do aprendizado seja muito menor. Voltamos assim à questão de saber se o professor respeita de fato as crianças e faz com que saibam disso. Se essa condição for satisfeita, a direção do aprendizado em um ambiente estruturado não será vista como a ação de um carcereiro atrás das barras da prisão.

CAPÍTULO 11
A FORMA DAS MENTES FUTURAS

Para concluir, então, aqui está o cerne da questão. Na época em que entram na escola, todas as crianças normais conseguem mostrar habilidade como pensadores e usuários da linguagem num grau que deve merecer nosso respeito, desde que estejam lidando com situações significativas da "vida real", em que elas tenham propósitos e intenções e em que consigam reconhecer e reagir a propósitos e intenções semelhantes por parte dos outros. (Às vezes, como no contexto das histórias, basta que os reconheçam nos outros.) Essas intenções humanas são a matriz em que o pensamento da criança está enraizado. Elas apóiam e dirigem seus pensamentos e sua fala, assim como apóiam e dirigem o pensamento e a fala dos adultos — até mesmo de adultos intelectualmente sofisticados — a maior parte do tempo.

Enquanto o pensamento da criança e sua linguagem permanecem inteiramente dentro dos limites do sentido humano, ela continua, em grande medida, inconsciente deles. Tem consciência do mundo exterior com o qual está lidando e de seus objetivos nesse mundo. Por isso, não pode deixar de perceber a si mesma como um agente nesse mundo, lidando com ele. Mas tem uma consciência muito limitada dos meios que usa para lidar com o mundo, e não reflete sobre eles considerados abstratamente em relação aos contextos em que os utiliza. Emprega suas habilidades a serviço de seus propósitos prementes e imediatos. Mas não percebe como os usa, e por isso não pode servir-se deles deliberadamente quando o propósito premente desaparece.

A educação, tal como se desenvolveu em nossa cultura, exige da criança que seja capaz exatamente disso — de invocar os poderes de sua mente e servir-se deles *à vontade*, utilizando-os para resolver problemas que não brotam da velha matriz conhecida, mas que são "propostos" — apresentados em abrupto isolamento e apresentados, no começo pelo menos, por uma outra pessoa cujos propósitos são obscuros.

A sensação de que essas exigências são "antinaturais" — como de fato o são, num certo sentido — levou muitos educadores preocupados a defender a idéia de que as exigências de qualquer tipo deveriam ser mínimas — dever-se-ia dar às crianças *oportunidades* de aprender, dever-se-ia encorajá-las a fazer suas próprias perguntas e ajudá-las a respondê-las quando genuinamente quisessem saber a resposta, e sua expressão deveria ser espontânea e sem coação.

Por trás de afirmações desse tipo muitas vezes existe, explícita ou implicitamente, uma metáfora do tipo usado por Froebel, uma imagem da criança como uma planta em crescimento que corre o risco de ter seu desenvolvimento tolhido pela escuridão e pelo solo seco e frio da sala de aula tradicional, ou de ser levada a adquirir uma forma distorcida e perversa pela terrível tesoura de podar do professor.

Os perigos são muito reais. Mas as crianças humanas não são plantas que têm apenas uma forma "natural" de se desenvolver. São seres de possibilidades extremamente variadas, e são seres que, ao final, têm o potencial de dirigir seu próprio crescimento. Podem aprender a tomar consciência das faculdades de sua mente e decidir para que finalidades vão usá-las. Mas não podem fazer isto sem ajuda — ou, pelo menos, tratar-se-ia de um processo longo e lento, e poucos poderiam fazer algum progresso.

Carl Jung não gostava muito de gente a quem descrevia como "intelectuais". Fala de um paciente que se comportara de uma forma que ele desaprovara extremamente: "Mas este paciente não era realmente um criminoso, só um tipo chamado intelectual que acreditava tanto no poder da razão que chegava a pensar que poderia 'des-pensar' um erro que cometera.'' Mas essa percepção dos perigos de um desenvolvimento desequilibrado do intelecto não cegou Jung para o que ele chama de seu "poder e dignidade". Ele também tinha muita clareza sobre a importância da escola e de sua principal função: "A escola", diz ele, "é de fato um meio de fortalecer de maneira significativa a integração da consciência." E o desenvolvimento da consciência é "o que elas (as crianças) precisam mais que qualquer outra coisa" nesse estágio de suas vidas. Assim, de forma um pouco inesperada, Jung aproxima-se de Vygotsky, que, como vimos, considera "a consciência e o controle deliberado" como "as principais contribuições dos anos de escola".

O ponto a ser entendido é o quanto o desenvolvimento da consciência está relacionado ao desenvolvimento do intelecto. Os dois não são sinônimos, pois o desenvolvimento da consciência tem implicações muito mais abrangentes — mas o vínculo com o desenvolvimento intelectual é, mesmo assim, íntimo e profundo. Para que as faculdades intelectuais se desenvolvam, a criança precisa conquistar uma certa medida de controle sobre o próprio pensamento, e não pode controlá-lo sem ter consciência dele. A aquisição desse controle equivale a arrancar o pensamento de seu arraigamento primordial e inconsciente nas vivências imediatas do mundo e da interação com outros seres humanos. Equivale a aprender a ir além dos limites do sentido humano. É desse movimento que dependem todas as faculdades intelectuais superiores.

O processo de ir além dos limites do sentido humano é antinatural no sentido de não ocorrer espontaneamente. A própria possibilidade desse movimento é o produto de longas eras de cultura; e a possibilidade não se realiza na vida de uma criança a menos que os recursos da cultura sejam dirigidos, num esforço contínuo, para essa finalidade.

Mas, num outro sentido, o movimento não tem nada de antinatural — é apenas o cultivo de um poder latente. E, certamente, não precisa acarretar uma disciplina rígida ou repressiva, o adestramento mecânico ou a instrução insensibilizante que levaram tantas pessoas sensíveis do passado a rejeitar a "escolarização formal", e que levaram William Blake a escrever:

> Mas ir para a escola numa manhã de verão
> Oh! Acaba com toda a alegria!
> Sob um olho cruel e antiquado
> Os pequenos passam o dia
> Entre suspiros e sustos.*

Na verdade, *não pode* acarretar essas coisas, ou a meta não será alcançada.

Esta foi a conclusão a que chegamos no fim do capítulo anterior, enquanto o ponto em que o primeiro capítulo começou tratava exatamente do fato de a escolarização de hoje tornar-se uma experiência lamentável para muitas crianças, por mais feliz que seja o começo, e de algo precisar ser feito com urgência para mudar isso.

Hoje em dia, a experiência acaba sendo lamentável principalmente porque é lamentável ser obrigado a fazer algo em que se fracassa persistentemente. As crianças mais velhas muitas vezes não satisfazem as exigências da escola e sabem que são tidas por estúpidas, por maior que seja o vigor com que se defendam dessa consciência. "Nós nos interessamos por aquilo em que nos saímos bem": é a forma simples de Bruner falar de uma verdade fundamental. Desse modo, muitas de nossas crianças ficam entediadas e desanimadas.

Uma atitude que parece oferecer uma saída é, como vimos, as escolas não fazerem as exigências que causam o problema. Quando isso ocorre, as crianças podem então, durante um certo tempo, brincar felizes — e o descontentamento, desse modo, em geral só se manifesta nos últimos anos de escola, quando as exigências da sociedade em geral a respeito da capacidade de ler,

---

* But to go to school on a summer morn / O! it drives all joy away! / Under a cruel eye outworn / The little ones spend the day / In sighing and dismay.

de contar, de compreensão científica, etc., não podem mais ser negadas ou negligenciadas.

Como estas exigências decorrem de valores sociais profundamente enraizados, não seriam fáceis de mudar. A utilidade prática das faculdades intelectuais não é a única coisa que determina os julgamentos de valor, mas já seria o bastante por si mesma. Quer gostemos ou não, precisamos dessas faculdades — e, coletivamente, sabemos disso.

O problema, então, é se devemos aceitar como inevitável que apenas uma pequena minoria de pessoas consiga desenvolver-se intelectualmente até um alto grau de competência. Acredito que não temos de aceitar isso. Acredito que a *natureza* da considerável dificuldade que essas faculdades apresentam para a mente humana ainda não foi adequadamente reconhecida. Embora saibamos há muito tempo que o "pensamento abstrato" é difícil, falta-nos uma compreensão suficientemente clara — e generalizada — do que significa ir além dos limites do sentido humano e aprender a manipular nosso próprio pensamento de novas formas desenraizadas, liberadas dos antigos envolvimentos, que apóiam e atrapalham ao mesmo tempo. Também acredito que, depois de reconhecermos essas coisas, seremos capazes de ajudar muitas crianças a se tornarem pensadores competentes nesses novos moldes, se quisermos; e procurei fazer algumas sugestões práticas tendo essa finalidade em vista. Claro que há muito a descobrir sobre o *como* isso pode ser feito. É um grande erro supor que, uma vez adquirido o conhecimento, a aplicação deste conhecimento a finalidades práticas venha automaticamente. Mas não vejo motivos para duvidar que, com o tipo certo de esforço dirigido e com um engajamento suficiente da sociedade nesse empreendimento, nosso conhecimento *poderia* ser aplicado de forma a fazer uma diferença substancial.

E daí? Será que nos veríamos de volta ao Jardim do Éden? Ou, melhor dizendo (como evidentemente isso não seria muito apropriado!), estaríamos às portas de um novo Éden — uma espécie de paraíso para intelectuais?

Essa é a substância de que é feito um certo tipo de ficção

científica, calculada para produzir um arrepio na espinha da maioria de nós — e não sem motivos.

É esse tipo de imagem que C. S. Lewis nos leva a odiar quando um de seus vilões está "insistindo na promoção da 'objetividade'":

> "Antes de continuar", disse Frost, "devo pedir-lhes que sejam rigorosamente objetivos. O ressentimento e o medo são ambos fenômenos químicos. Nossas reações uns aos outros são fenômenos químicos. As relações sociais são relações químicas... Um círculo que se mantivesse estruturado por sentimentos subjetivos de confiança e afeição mútuas seria inútil. Poderiam ser todos, afinal de contas, produzidos por injeções."

E, mais adiante (Frost falando de novo):

> "Na nova era, o que até agora foi apenas o núcleo intelectual da raça deve tornar-se, por estágios graduais, a própria raça... O indivíduo deve tornar-se todo cabeça. A raça humana deve tornar-se toda tecnocracia."

Certamente não é por acaso que o personagem de Lewis tem o nome de "Frost" (Geada). Há bons motivos para dizer que o intelecto é "frio" — é frio por definição, pois precisa operar à distância do sentido humano e de todos os elos de sangue quente que essa modalidade de funcionamento tem com a emoção. "Desenraizado" não está muito longe de "desencarnado". Mas é claro que isso não significa que o indivíduo deve tornar-se frio em decorrência do desenvolvimento da competência intelectual. Só um desenvolvimento muito unilateral, que faz a pessoa "violentar os valores afetivos", como diz Jung, tem esse tipo de efeito. E, um pouco paradoxalmente, se tivéssemos mais competência para ajudar as pessoas a se desenvolver no plano intelectual, haveria menos perigo dessa unilateralidade. Pois a tirania do intelecto vem de longa data, e foi isso que levou ao risco da distorção pessoal e social.

Suspeito que podemos atribuir a força dessa tirania à atuação conjunta de duas influências: em primeiro lugar, a extrema utilidade prática das faculdades intelectuais (demonstrada em graus variados desde a época em que a escrita começou a ser usada para fazer registros até os dias em que os matemáticos britânicos decifraram o código alemão "Enigma", na Segunda Guerra Mundial); e, em segundo lugar, sua raridade. Elas não se tornarão menos úteis; mas o que aconteceria se ficassem menos raras?

Seria prudente não subestimar as mudanças sociais que poderiam então se seguir. Pois não estamos falando apenas de conseguir que mais pessoas pronunciem corretamente as palavras ou aprendam suas tabuadas de multiplicação — essas realizações modestas e seguras hoje tão requisitadas. Essas coisas seriam atingidas, sem dúvida — mas seriam as mudanças menos importantes.

A existência de uma elite intelectual poderosa na sociedade, com um sentido muito vivo da própria superioridade, não é de forma alguma uma coisa recente. Vimos no Capítulo 7 que esse estado de coisas já vigorava 2.000 anos antes de Cristo, no Egito do Médio Império, quando, como agora, a alfabetização e as faculdades que a acompanham eram vistas como maneiras de elevar a posição social; quando, como agora, a mão humana era concomitantemente denegrida.

O que mudou desde então foi apenas o ponto — ou o conjunto de pontos — no qual se dá a cisão, e o fato de nossos metalúrgicos e lavadeiras, por haverem freqüentado as Escolas de Escrita, talvez terem um sentimento mais agudo de insatisfação e fracasso pessoal do que seus congêneres do Antigo Egito. Uma mudança radical faria com que a maioria de nossas crianças saísse de nossas Escolas de Escrita com a nítida sensação de ter tido êxito ali. É claro que nem todas poderiam ser "as primeiras da classe". Mas se conseguíssemos diminuir um pouco nossa preocupação com a hierarquia, elas poderiam sair com sentimentos de competência e auto-respeito.

E, depois de saírem, o que seria delas então? O que fariam com suas vidas? Como usariam suas faculdades?

Estas questões já revelam que, se a maioria de nossos cidadãos se tornasse competente no exercício de suas faculdades intelectuais, teríamos de dar um valor maior a pelo menos algumas das outras faculdades e funções — aquelas obviamente necessárias à condução de nossa vida —, pois não poderíamos mais considerar essas atividades como a esfera de ação própria dos fracassados na educação.

Talvez seja a conveniência de haver fracassos educacionais que explique por que toleramos tantos deles há tanto tempo, e justifique aquilo que Whitehead chama de "frívola inércia" com que toda a questão educacional ainda é tratada hoje em dia.

Uma população jovem, bem-sucedida na educação e dotada de vigorosa autoconfiança, não seria fácil de empregar em nossas atuais linhas de produção. Assim, seríamos ao menos forçados a enfrentar o problema de tornar mais atraente o trabalho em nossas fábricas — e em outros lugares —; e, se tivermos feito realmente bem o nosso trabalho nas escolas, descobriremos que as atrações econômicas não seriam suficientes. Poderíamos ser enfim obrigados a buscar, com seriedade, formas de tornar as vidas profissionais mais satisfatórias.

É uma felicidade que o gosto do ser humano pelo trabalho manual seja difícil de suprimir. Talvez possamos até atribuir a esse fato o descrédito do trabalho manual. É possível que, há muito tempo, quando a civilização da escrita começou, a única forma de levar as pessoas a valorizar o intelecto e trabalhar por seu desenvolvimento consistisse em levá-las a desprezar as habilidades do corpo.

Na vida de uma criança, a alegria com o envolvimento imediato do corpo em atividades que exijam habilidade começa cedo e espontaneamente. Como já vimos, essa não é de forma alguma uma alegria irracional, mas não é reflexiva. O exercício posterior da capacidade de reflexão também provoca alegria — mas uma alegria que não vem sem ajuda. Quanto mais competentes nos tornarmos em proporcionar a ajuda necessária para gerá-la, tanto menos precisaremos usar a técnica da *Sátira aos Ofícios* como um meio de manter pessoas relutantes em constante atividade acadêmica.

Desse modo, se por fim nos tornarmos realmente competentes em ajudar grandes quantidades de pessoas a ter a experiência da satisfação intelectual, teremos mais liberdade para nos voltarmos para o desenvolvimento de outros tipos de potenciais humanos. Nesse caso, com certeza não seria muito difícil — ou muito perigoso — reabilitar a mão humana. E o resultado provável seria uma vasta libertação de energia criativa.

Quanto ao mais, deixo a especulação para os futurólogos. Mas se não estivermos dispostos a procurar, incessantemente, à luz do conhecimento adquirido, ajudar nossas crianças a satisfazer as exigências que lhes impomos, não devemos chamá-las de estúpidas. Devemos, antes, chamar a nós mesmos de indiferentes ou medrosos.

APÊNDICE: A TEORIA DO DESENVOLVIMENTO INTELECTUAL DE PIAGET

SUMÁRIO

1. O CARÁTER GERAL DA TEORIA 135

2. CARACTERÍSTICAS DA ADAPTAÇÃO BIOLÓGICA 136

   2.1 Auto-regulação e Equilíbrio 136
   2.2 Assimilação e Acomodação 137

3. A INTELIGÊNCIA HUMANA: O CURSO DO DESENVOLVIMENTO 139

   3.1 A Conquista de um Ambiente Mais Amplo 139
   3.2 Continuidade e Mudança 139
   3.3 Ordem e Velocidade 139
   3.4 O Período Sensório-motor 140
   3.5 O Período Operacional Concreto 142
   3.6 O Período Operacional Formal 145

4. A INTELIGÊNCIA HUMANA: NOÇÕES TEÓRICAS 147

   4.1 O Papel da Ação 147
   4.2 O Papel da Maturação 147
   4.3 O Papel da Função Simbólica em Geral e da Linguagem em Particular 148
   4.4 O Papel do Ambiente Social 149
   4.5 Descentração 149
   4.6 Experiência Física, Experiência Lógico-matemática e Abstração Reflexiva 150
   4.7 Equilibração 152
   4.8 Equilibração e Aprendizagem 153

NOTA PRÉVIA

O texto principal deste livro contém discussões sobre a obra de Jean Piaget, e procurei torná-las inteligíveis até para um leitor sem conhecimentos anteriores do assunto. Mas não houve meio de evitar que este leitor tenha formado, das teorias piagetianas, uma idéia bastante insuficiente. Pois sua teoria é uma construção enorme, e só algumas partes bem limitadas eram pertinentes ao que eu tinha a dizer. Este apêndice é uma tentativa de corrigir o desequilíbrio e fornecer uma imagem melhor do todo — embora ainda necessariamente incompleta. Não procurarei apresentar aqui os indícios factuais com que Piaget fundamenta suas afirmações, exceto, ocasionalmente, à guisa de exemplo; e não estarei preocupada com a avaliação crítica. O objetivo é fazer uma apresentação breve e clara das principais características da teoria.

1. O CARÁTER GERAL DA TEORIA

A primeira formação de Piaget se deu no campo da zoologia, e, quando ele estuda o comportamento humano, procura situá-lo no contexto mais amplo do comportamento dos outros seres vivos. Para ele, a questão-chave é: como os animais se adaptam a seu meio ambiente? A inteligência humana é considerada, então, como uma forma de conseguir isso.

É importante reconhecer que o foco de atenção não se localiza nas formas pelas quais as pessoas diferem entre si — não se localiza nos "testes de inteligência", segundo a acepção habitual desse conceito. Piaget quer descobrir — e explicar — o curso normal do desenvolvimento. Pois acredita que *exista* um curso normal: uma seqüência que todos seguimos, embora caminhemos com velocidades diferentes e alguns cheguem mais longe que outros.

Esse foco dirigido para o que é comum a todos nós relaciona-se ao fato de que, além de ser um zoólogo, Piaget é um epistemólogo, isto é, interessa-se por questões gerais sobre a natureza do conhecimento. Acredita que essas questões não podem ser respondidas se não levarmos em conta o modo como o conhecimento se desenvolve e aumenta. Assim, ambos os seus interesses — o biológico e o epistemológico — convergem para o estudo do desenvolvimento intelectual humano.

É claro que este desenvolvimento pode ser estudado tal como ocorre nas vidas individuais; ou pode ser estudado tal·como ocorre na história da espécie — no desenvolvimento de corpos de conhecimento, como a matemática ou as ciências. Piaget tem interesse por ambos os tópicos. Mas aqui trataremos apenas de suas afirmações sobre os processos que ocorrem durante uma vida individual.

Para entender essas afirmações, é melhor começar considerando o que ele tem a dizer sobre a adaptação biológica em geral.

2. CARACTERÍSTICAS DA ADAPTAÇÃO BIOLÓGICA

2.1 *Auto-regulação e Equilíbrio*. Segundo a visão de Piaget, o fato essencial sobre os organismos vivos é que são *sistemas auto-reguladores*. Ao contrário das coisas inertes, conseguem manter ou reparar suas próprias estruturas em caso de ameaça ou dano. Para apresentar dois exemplos fisiológicos familiares, temos formas de restaurar o tecido lesado quando cortamos o dedo, e temos formas de manter a temperatura do corpo uniforme dentro de limites estreitos, mesmo quando a temperatura à nossa volta varia muito.

Desse modo, os seres vivos procuram alcançar uma espécie de estabilidade de organização diante do perigo. Quando falham nisso, morrem. Como todos morrem no fim, a adaptação perfeita nunca é conseguida: uma nova ameaça sempre pode surgir e acabar vencedora. Mas é claro que, quanto mais abrangente for o leque de eventos que um animal consegue enfrentar, tanto maiores serão suas chances. Alguns animais são muito bem adaptados a um ambiente limitado particular, mas não são flexíveis. Não conseguem mudar seu comportamento quando o ambiente muda. Os seres humanos, porém, têm uma capacidade enorme de mudança reativa flexível.

Quando um animal alcança uma espécie de harmonia — ou padrão satisfatório de interação — com seu ambiente, Piaget diz que está em *equilíbrio*. Mas este equilíbrio não deve ser considerado um estado de repouso. É um estado de atividade contínua, em que o organismo compensa — ou cancela — as perturbações do sistema, reais ou previstas. Isto é, a compensação pode ser uma correção de algo que já deu errado; ou pode ser uma preparação para algo que se espera sair errado se nada for feito.

2.2 *Assimilação e Acomodação*. Essa ênfase na atividade aparece em todo o pensamento de Piaget. Uma criatura viva não reage apenas, ela também *age*. A adaptação não é apenas uma questão de mudar quando há pressão para mudar, tal como, por exemplo, uma certa quantidade de massa muda passivamente quando espremida. A diferença é que o ser vivo tem uma organização a preservar. Desse modo, um dos aspectos da adaptação biológica é o esforço de lidar com o ambiente fazendo com que este se molde às estruturas existentes do organismo — "incorporando-o", num certo sentido da palavra. A "incorporação" literal ocorre, por exemplo, quando o animal digere o alimento. O nome geral que Piaget dá a essa parte do processo de adaptação é *assimilação*.

Mas é claro que o impulso de assimilar não poderia ser eficiente se operasse sozinho. Para um animal ter êxito em sua adaptação, precisa modificar seu comportamento de forma a reconhecer as propriedades das coisas com que está lidando. Pode tomar líquidos, por exemplo, mas tem de mastigar os alimentos sólidos para conseguir assimilá-los de alguma maneira. Portanto, a assimilação nunca ocorre de forma pura, é sempre equilibrada por pelo menos alguns componentes de *acomodação*. A acomodação é o esforço de moldar o comportamento do organismo ao ambiente; assim, os dois processos são opostos, mas complementares.

Embora possamos pensar na assimilação e na acomodação em separado, elas não podem realmente ser distinguidas uma da outra em nenhum ato adaptativo. Não é possível observar um comportamento e dizer: "Ah, agora o animal está assimilando e agora está acomodando." Ambos os processos ocorrem juntos, indissoluvelmente ligados. É através de sua ação conjunta que o animal consegue tanto a continuidade quanto a novidade. A assimilação trabalha no sentido de preservar as estruturas; a acomodação trabalha no sentido da variação, do desenvolvimento e da mudança.

O comportamento adaptativo sempre contém um pouco de cada um destes dois componentes, os quais, porém, podem ocorrer em proporções variadas. Piaget cita com freqüência, como exemplo de um comportamento rico em tendências assimilativas, a brincadeira de fazer-de-conta de uma criança pequena. Pois, durante essa brincadeira, a criança não está muito interessada nas características objetivas das coisas com que brinca. Um velho pedaço de madeira pode servir de boneca, de navio ou de aeroplano, segundo as necessidades e interesses do momento. A imitação, ao contrário, é um exemplo de comportamento principalmente (nunca exclusivamente) acomodativo, pois é uma tentativa de agir segundo uma forma moldada nas características do mundo externo.

Embora extremos desse tipo ocorram, a adaptação atinge o seu máximo de eficiência quando existe o devido equilíbrio entre as duas tendências. Para descrever este "equilíbrio", Piaget faz um outro uso da palavra. E, embora reconheça que certos tipos de equilíbrio entre assimilação e acomodação podem ocorrer em todos os níveis de crescimento, afirma que, à medida que a criança se desenvolve, formas mais satisfatórias de equilíbrio entre as duas tendências são obtidas. (Segundo sua opinião, essa conquista está relacionada ao aumento da capacidade de "descentrar" — ver a seção 4.5.)

3. A INTELIGÊNCIA HUMANA: O CURSO DO DESENVOLVIMENTO

3.1 *A Conquista de um Ambiente Mais Amplo*. Toda adaptação tende ao desenvolvimento da capacidade de lidar com um ambiente mais amplo. Mas a inteligência humana é única na extensão com que consegue isso. A maioria dos animais adapta-se apenas a coisas próximas deles no espaço e no tempo; e isso também se aplica aos bebês humanos. Mas, à medida que as crianças se desenvolvem, tornam-se capazes de adquirir conhecimento e de pensar sobre objetos e eventos bastante remotos. Um dos principais interesses de Piaget é mostrar como essa mudança ocorre.

3.2 *Continuidade e Mudança*. Embora Piaget insista que o desenvolvimento é contínuo, admite a existência de *estágios*. É evidente que, durante qualquer estágio determinado, muitos padrões de comportamento superficialmente diferentes podem ser observados. Mas, por baixo deles, sustenta-se a existência de uma estrutura comum que os explica e dá unidade ao estágio. Por isso, a transição para um novo estágio significa que uma reorganização muito fundamental está em andamento. Não há, entretanto, uma ruptura distinta entre os estágios, e não há inícios completamente novos.

3.3 *Ordem e Velocidade*. Os principais estágios seguem-se uns aos outros numa ordem que se sustenta ser a mesma para todas as crianças. Mas isto não se deve ao fato de serem "pré-programados" ou inteiramente determinados pela maturação (ver a seção 4.2). Deve-se ao fato de cada estágio construir-se sobre o anterior.

Mas, se a ordem dos estágios é a mesma para todas as crianças, a velocidade com que se sucedem certamente não é. As idades citadas por Piaget têm a intenção de representar um valor médio. Reconhece-se a existência de casos que delas diferem consideravelmente. Afirma-se existirem três estágios ou períodos principais, com algumas subdivisões.

3.4 *O Período Sensório-motor (do nascimento aos dezoito meses, aproximadamente)*. Na época do nascimento, o leque das coisas que a criança consegue fazer é muito limitado; e, à primeira vista, seu equipamento parece insatisfatório. Só consegue ter um pequeno número de reações reflexas — sugar, engolir, e coisas do gênero. Mas os reflexos não devem ser considerados reações isoladas, pois estão enraizados numa matriz mais abrangente de atividade rítmica espontânea; e o bebê já tem capacidade de pôr em movimento os processos complexos de assimilação e acomodação que vão transformar os padrões rígidos em padrões surpreendentemente flexíveis de comportamento antes de terminar o primeiro período.

Durante essa época, os reflexos desenvolvem-se, através de uma série de subestágios (Piaget reconhece seis deles), em padrões (ou esquemas) organizados de comportamento que podem ser usados intencionalmente. A criança torna-se capaz de inventar novas formas de fazer as coisas. Desse modo, consegue resolver certos problemas no plano prático. Por exemplo: pode criar formas de agarrar coisas fora do seu alcance usando ferramentas simples.

Essas mudanças podem ser vistas de forma bem imediata no comportamento. Mas, ao mesmo tempo, Piaget afirma que uma transformação da maior importância ocorre sem poder ser observada de forma direta. Diz que, no começo, a criança não consegue fazer qualquer distinção entre ela mesma e o resto do mundo. Não sabe, inicialmente, que algo mais existe; e, pelo mesmo motivo, não sabe realmente que ela também existe. É profundamente egocêntrica.

Para entender o que Piaget quer dizer com isso, é essencial entender o fato de que o egocentrismo de que fala neste estágio é totalmente inconsciente. Não pode haver autoconsciência aqui. Por isso, está muito distante de qualquer noção como "preocupação consigo mesma" ou "egoísmo".

No decorrer do período sensório-motor, a criança consegue reduzir lentamente essa inconsciência profunda e primitiva. Começa a distinguir a si mesma do resto do mundo. No final desse período, construiu a noção de um mundo de objetos independentes dela e de suas ações. Sabe que as coisas continuam existindo quando não consegue vê-las ou senti-las de alguma forma.

Afirma-se que a prova de que essa mudança fundamental ocorre durante o período sensório-motor é fornecida pelo comportamento da criança quando um objeto com o qual está brincando é escondido dela — por um pano colocado sobre ele, digamos. Até a idade de seis meses, mais ou menos, ela não faz nenhuma tentativa de recuperar o objeto. Considera-se que isto significa que a criança ainda não tem o *conceito de objeto* — nenhuma idéia da existência independente das outras coisas. Afirma-se, então, que seu progresso gradual na construção deste conceito reflete-se em sua crescente capacidade de saber onde está um objeto, primeiro no caso simples já descrito, depois em casos mais complexos em que o objeto é deslocado de um lugar para outro.

Desse modo, o desenvolvimento do conceito de objeto é tido como algo intimamente relacionado com a organização progressiva dos movimentos no espaço — tanto dos movimentos dos objetos quanto dos movimentos da própria criança de um lugar para outro. Quando o desenvolvimento se completa, a criança consegue seguir um objeto através de uma sucessão de movimentos mesmo quando este não está visível para ela o tempo todo; e consegue encontrar seu próprio caminho, dando voltas e retornando ao lugar de onde partiu. Piaget diz que essas capacidades dependem da formação de uma estrutura fundamental chamada "grupo de deslocamentos".

O termo "grupo" é definido e exemplificado na seção seguinte (3.5). Por enquanto, podemos dizer que a característica mais importante da organização de um grupo, no que diz respeito à teoria de Piaget, é a *reversibilidade*. Depois que o grupo de deslocamentos está estabelecido, a criança pode inverter um movimento de A para B, de modo a poder voltar de B para A. A importância plena disso ficará mais clara depois da discussão dos processos do período operacional concreto.

3.5 O Período Operacional Concreto (*dezoito meses a onze anos, aproximadamente*). Este longo estágio é dividido em dois subperíodos. Durante o primeiro deles, que é chamado de "período pré-operacional" e dura até por volta dos sete anos, as "operações concretas" vão sendo preparadas; durante o segundo, são estabelecidas e consolidadas.

A prova de que as operações estão em andamento é fornecida, segundo a teoria, pela resposta da criança a exercícios como as tarefas de conservação (ver p. 52) e inclusão em classe (ver p. 31). Quando a criança raciocina, por exemplo, que o número de objetos num conjunto deve permanecer o mesmo embora a organização dos objetos no espaço tenha sido alterada, diz-se que a criança faz isso ao entender que a organização original pode ser refeita pela mera inversão dos movimentos que a mudaram. Por isso, seu pensamento é reversível.

Esse tipo de flexibilidade mental está intimamente relacionado com um pressuposto aumento na capacidade de se "descentrar" (seção 4.5), e é tido como dependente do desenvolvimento das estruturas operacionais. Mas o que *são* estas estruturas?

Na teoria de Piaget, a palavra "operação" tem um sentido exato. Para entendê-lo, três coisas precisam ser compreendidas.

Em primeiro lugar, as operações são ações. É verdade que não são manipulações físicas, pois se realizam apenas "na mente". Mas, apesar disso, são ações; e têm sua origem em atos físicos do período sensório-motor.

Em segundo lugar, os atos em que se originam não são atos quaisquer. São, ao contrário, atos como combinar, ordenar, separar e recombinar coisas. Por isso, são atos de grande generalidade.

Em terceiro lugar, uma operação não pode existir por si só, mas apenas no seio de um sistema organizado de operações. E a organização sempre tem a forma de um "grupo" ou "agrupamento".

A natureza da organização de grupo é fácil de entender quando tomamos um exemplo familiar. Em qualquer grupo deve haver um conjunto de elementos: tomemos como exemplo a série de números inteiros positivos e negativos. E também deve haver uma operação que possa ser realizada com os elementos: consideremos a operação de adição. A partir daí, as quatro condições seguintes devem ser atendidas:

(1) COMPOSIÇÃO
Se a operação for realizada com dois elementos quaisquer, o resultado também deve ser um elemento — isto é, nunca se sai do sistema. (Se você somar um número a outro, obtém um terceiro número.)

(2) ASSOCIATIVIDADE
A ordem em que duas operações sucessivas são realizadas não tem importância. (Se você somar *três* a *quatro* e depois somar *dois*, obtém o mesmo resultado que obteria ao somar *quatro* a *dois* e depois a *três*.)

(3) IDENTIDADE
Entre os elementos sempre há um, e apenas um, elemento de identidade. O elemento de identidade não altera nenhum outro elemento com o qual é combinado. (O elemento de identidade quando os números estão sendo somados é *zero*. Se você somar *zero* a um determinado número, o resultado é simplesmente este determinado número.)

(4) REVERSIBILIDADE
Para cada elemento há um outro elemento que se chama seu inverso. Quando um elemento é combinado com seu inverso, o resultado é o elemento de identidade. (Números positivos e negativos são o inverso uns dos outros. *Três* somado a *menos três* dá zero.)

Um grupo é uma estrutura matemática. Mas Piaget atribui aos grupos uma grande importância psicológica, porque podem ser usados para especificar a natureza de algumas das estruturas fundamentais da inteligência humana, desde a primeira organização desta inteligência num nível prático (seção 3.4) até sua organização final num plano simbólico extremamente abstrato (seção 3.6). Mas, entre elas, no estágio operacional concreto, parece que a estrutura de grupo não se "encaixa" ou corresponde perfeitamente às estruturas da mente. Por exemplo: não corresponde perfeitamente à estrutura de uma hierarquia de classes e subclasses, pois, se alguém pensar em somar uma classe a si mesma, vai descobrir que isso não produz uma nova classe, como ocorreria com os números. (Três mais três é igual a seis, mas a classe dos cães somada à classe dos cães é igual apenas à classe dos cães.)

Por causa desse tipo de dificuldade, Piaget introduz a noção de "agrupamento". Um agrupamento é uma espécie de variante de um grupo, especialmente adaptado para explicar as estruturas de classificação, seriação e coisas do gênero. (Para obter detalhes, o leitor deve procurar a formulação do próprio Piaget em *Logic and Psychology* — Lógica e Psicologia.) A coisa importante a se notar é que, apesar das diferenças entre "grupo" e "agrupamento", a condição de reversibilidade sempre se mantém, de alguma forma; e, para a teoria de Piaget, esta é a característica essencial. Desse modo, se duas subclasses forem somadas para formar uma classe inteira, é possível subtrair uma delas de novo. E, quando o pensamento se torna operacional, é possível fazer isso "mentalmente".

O trabalho preparatório que tem de ocorrer durante o período pré-operacional, antes de as operações surgirem, consiste principalmente no desenvolvimento da capacidade de a criança representar as coisas para si mesma. Como vimos, a estrutura de grupo já existe no final do período sensório-motor (seção 3.4), mas só num nível prático. O passo seguinte consiste em "internalizá-la". Mas Piaget insiste repetidamente que internalizar uma estrutura não é apenas uma questão de "engoli-la" por inteiro — assim como o conhecimento em geral não é uma questão de receber uma "cópia" pronta da realidade. Internalizar significa reconstruir num novo plano. O trabalho do período sensório-motor tem de ser feito todo outra vez. Mas agora os tijolos são símbolos mentais: atos de pensamento, em vez de atos do corpo. A criança de dois ou três anos pode colocar objetos em fila, afastá-los, juntá-los outra vez. A criança de sete ou oito anos pode *pensar* em fazer essas coisas.

Mas os novos atos simbólicos ainda estão intimamente ligados às coisas concretas nas quais os atos físicos originais eram realizados. A criança ainda pensa basicamente em fazer coisas com objetos físicos: ordená-los, classificá-los, organizá-los em séries e assim por diante. Por isso o nome de período operacional *concreto*.

Quando Piaget compara a inteligência sensório-motora com a inteligência do período operacional concreto, fala de três formas principais pelas quais esta última representa um avanço sobre a primeira.

Em primeiro lugar, a inteligência sensório-motora é mais estática, menos móvel. Considera as coisas uma depois da outra, sem conseguir ter uma visão geral. É como um filme em câmara lenta, quase uma sucessão de quadros. A inteligência operacional é muito melhor para lidar com transformações entre estados e ver como se relacionam uns com os outros.

Em segundo lugar, a inteligência sensório-motora está voltada apenas para o êxito prático. O pensador operacional tem muito mais interesse na explicação e no entendimento. Essa mudança está relacionada com desenvolvimentos da consciência que produzem uma percepção maior de como as metas são atingidas.

Em terceiro lugar, como a inteligência sensório-motora limita-se a ações reais feitas com objetos reais, tem um alcance pequeno em termos de espaço e tempo. As ações simbólicas podem abranger uma área muito maior.

Em princípio, claro está, o alcance desses atos é ilimitado, atingindo a infinitude e a eternidade. Na prática, o alcance continua consideravelmente mais restrito, à medida que o pensamento ainda está no período concreto.

3.6 *O Período Operacional Formal*. O pensamento deste período, depois de consolidado, é o pensamento do adulto inteligente. Seu traço mais marcante é a capacidade de raciocinar logicamente, partindo de premissas e tirando conclusões que delas procedem necessariamente. E agora não importa, segundo a teoria, se as premissas são verdadeiras ou não: podem ser aceitas como meros postulados.

Essa capacidade de trabalhar a partir de postulados, ou hipóteses, subjaz não apenas ao pensamento lógico e matemático mas também ao tipo de atividade característico da ciência. O pensador operacional formal pode alimentar hipóteses, deduzir conseqüências e utilizar estas deduções para testar as hipóteses. Além do mais, pode fazer isso planejando experimentos sistemáticos em que vai descobrir, por exemplo, o valor de manter uma coisa constante enquanto faz outras coisas variarem. E pode então chegar a formular regras gerais com base nas descobertas experimentais.

Piaget aventou várias maneiras de capturar a essência da mudança do período concreto para o período formal. Por exemplo: ele diz que, enquanto o pensador operacional concreto ainda está interessado em manipular *coisas* mesmo quando faz isso "na mente", o pensador operacional formal tornou-se capaz de manipular *proposições*, ou idéias. Consegue raciocinar com base em afirmações verbais. Piaget cita como exemplo o seguinte problema:

> Edith é mais clara que Susan. Edith é mais morena que Lily. Quem é a mais morena?

O problema apresenta considerável dificuldade para muitas crianças de dez anos. Se fosse uma questão de organizar três bonecas em ordem serial, a tarefa seria fácil para elas.

Piaget usa esse tipo de diferença para justificar a afirmação de que, repetindo mais uma vez, o desenvolvimento do período formal é uma questão de reconstruir num novo plano o que foi adquirido no nível anterior.

Nesse caso, o processo de reconstrução leva a outro resultado importante, que talvez seja mais bem expresso como uma mudança na relação entre o que é real e o que é possível. O pensador operacional formal tende a partir do possível. Isso significa que, quando enfrenta um problema, é provável que comece considerando possibilidades de forma sistemática. Assim, em seguida, "os fatos" são colocados num contexto mais amplo. Passam a ser pensados como uma parte realizada de um universo mais abrangente que consiste em tudo o que poderia ser.

Talvez o melhor exemplo do efeito dessa mudança seja dado pelo exercício que consiste em tentar descobrir formas de combinar substâncias químicas incolores de modo a produzir um líquido amarelo. O pensador operacional formal é aquele que tenta sistematicamente todas as combinações possíveis. De forma típica, ao contrário da criança do período concreto, não pára depois de descobrir um método que funcione. Continua até ter explorado todo o sistema.

Por fim, Piaget usa mais uma vez o conceito de grupo quando descreve as estruturas subjacentes ao pensamento operacional formal. E agora afirma que os vários "agrupamentos" elementares do período operacional concreto são substituídos por um grupo unificado chamado de "Grupo Quatro" ou grupo INRC. Infelizmente, é impossível fazer uma descrição adequada deste grupo sem entrar em complexidades consideráveis. Os leitores que quiserem saber mais devem consultar a definição do próprio Piaget em *Logic and Psychology* — Lógica e Psicologia.

4. A INTELIGÊNCIA HUMANA: NOÇÕES TEÓRICAS

4.1 *O Papel da Ação*. Piaget afirma que não há descontinuidade entre os tipos mais simples de comportamento adaptativo e as formas de inteligência mais altamente desenvolvidas. Uma nasce da outra. Assim sendo, mesmo quando a inteligência se desenvolveu a ponto de fazer um uso extensivo de conhecimentos extremamente abstratos, devemos procurar as origens deste conhecimento na *ação*.

Piaget nos diz repetidas vezes que o conhecimento não nos vem de fora, "pronto". Não é uma "cópia" da realidade — não se trata apenas de receber impressões, como se nossas mentes fossem chapas fotográficas. O conhecimento também não é algo com que nascemos. Precisamos *construí-lo*. Fazemos isso devagar, ao longo de muitos anos.

4.2 *O Papel da Maturação*. A teoria de Piaget não é, portanto, uma teoria maturacionista. Não nos tornamos capazes do pensamento inteligente apenas esperando que o tempo passe. É verdade que ele atribui um certo papel ao amadurecimento do sistema nervoso. Mas isso não faz mais que "abrir possibilidades" ou limitá-las temporariamente. As possibilidades têm de ser transformadas em realidade por outros meios.

4.3 *O Papel da Função Simbólica em Geral e da Linguagem em Particular*. Piaget insiste em que a linguagem não cria pensamento inteligente.

Ele vê a linguagem apenas como uma manifestação do que chama de "função simbólica geral". Quando esta função começa a aparecer, o que normalmente acontece durante o segundo ano de vida, a criança torna-se capaz de representar eventos ou objetos ausentes por meio de símbolos ou signos. Piaget distingue os símbolos, que lembram as coisas que representam, dos signos, que representam coisas de forma bastante arbitrária. Os símbolos podem ser particulares e pessoais, enquanto os signos são convencionais e "coletivos". Desse modo, a linguagem é um sistema de signos.

O advento da função simbólica geral revela-se, portanto, não apenas nos primórdios da linguagem mas também no aparecimento das brincadeiras de faz-de-conta e na "imitação retardada" (imitação em que o modelo não está mais presente). Piaget acredita que a imitação internalizada é a origem das imagens mentais.

A capacidade geral de representar a realidade para si mesmo é claramente de grande importância no desenvolvimento do pensamento. Grande parte da diferença entre a inteligência sensório-motora e a operacional, por exemplo, consiste no fato de que esta última é internalizada — isto é, funciona num plano de representação. E Piaget reconhece que, quanto mais desenvolvida é a inteligência, tanto maior a importância da linguagem propriamente dita — isto é, da linguagem enquanto algo distinto de outras manifestações da função simbólica. Mas nunca está disposto a admitir que a linguagem é a origem do pensamento. Para ele, as origens do pensamento devem ser buscadas na ação.

4.4 *O Papel do Ambiente Social*. Piaget admite que a velocidade de passagem pelos períodos de desenvolvimento seja influenciada pelo ambiente social e cultural (embora a ordem dos estágios não seja afetada). Mas tudo depende de a criança conseguir assimilar o que o ambiente lhe proporciona. E se diz que isso, por sua vez, depende — o que é evidente — de seus próprios esforços construtivos. (Ver também a seção 4.8 sobre equilibração e aprendizado.)

Ao mesmo tempo, Piaget reconhece a importância da troca de idéias para o desenvolvimento do pensamento — e em particular para o fortalecimento da percepção da existência de outros pontos de vista.

4.5 *Descentração*[1]. Os conceitos de "descentração" e de "egocentrismo" estão muito intimamente ligados no pensamento de Piaget. Uma redução do egocentrismo equivale a um aumento na capacidade de "descentrar-se" — isto é, de mover-se livremente de um ponto de vista a outro, seja no sentido literal, seja no sentido metafórico.

Em seus primeiros escritos, Piaget descreve esse processo principalmente em termos de redução do egocentrismo. Mais tarde, prefere muitas vezes falar de "centração" e "descentração". Mas isso não indica nenhuma mudança radical de opinião de sua parte, e com certeza não significa que esteja atribuindo uma importância menor à noção subjacente. Na verdade, suas teorias posteriores dão a essa noção um peso ainda maior. A idéia de reduzir o egocentrismo, tal como originalmente expressa, estava intimamente associada à de aumentar a socialização. Mais recentemente, ele disse: "Mas isso é muito mais geral e mais fundamental para o conhecimento em todas as suas formas."

A idéia é a de que, quando o pensamento está "centrado" por ser incapaz de se libertar de um ponto de vista, a assimilação

---

[1]. Para uma discussão mais detalhada, ver o Capítulo 2 do texto principal deste livro.

tem um efeito deformante; não se atinge um equilíbrio satisfatório entre assimilação e acomodação, e só um conhecimento "subjetivo" da realidade pode ser obtido. O processo de aperfeiçoar este conhecimento não consiste, portanto, em acrescentar-lhe mais doses de informação. Consiste, ao contrário, em desenvolver a capacidade de mover-se com flexibilidade de um ponto de vista para outro — e voltar outra vez —, de modo a se aproximar de uma visão "objetiva" do todo.

4.6 *Experiência Física, Experiência Lógico-matemática e Abstração Reflexiva.* A experiência, segundo o sentido que Piaget dá para o termo, envolve a aquisição de novos conhecimentos através da ação sobre os objetos. Mas esse processo permite que diferentes formas de conhecimento se desenvolvam. Por isso se pode falar, de modo correspondente, de diferentes tipos de experiência. Os dois tipos mais importantes para sua teorização são a experiência física e a experiência lógico-matemática.

A experiência física proporciona o conhecimento das propriedades dos objetos sobre os quais agimos. A experiência lógico-matemática proporciona o conhecimento não dos objetos, mas das ações em si e de seus resultados.

A partir da experiência física pode-se obter, por exemplo, o conhecimento do peso dos objetos; ou do fato de que, as outras coisas permanecendo as mesmas, o peso aumenta quando o volume aumenta; e assim por diante.

Ora, o peso de um objeto existe mesmo quando não realizamos ação alguma[2]. Mas podemos, com nossas ações, introduzir no mundo atributos que antes não existiam. Por exemplo, podemos pegar algumas pedrinhas e organizá-las numa fila. Nesse caso, introduzimos um elemento de ordem. Suponha que depois contamos as pedrinhas e chegamos a um certo número; depois dis-

---

2. Mas note que, como normalmente chegamos a *saber* qual é o peso de um objeto erguendo-o, nosso conhecimento não independe da ação. Por isso, Piaget afirma que a experiência física nunca é "pura", mas implica sempre ao menos um componente lógico-matemático.

so, mudamos a ordem, contamos as pedrinhas e chegamos de novo ao mesmo número. Assim descobrimos, afirma Piaget, que o número de objetos em um conjunto é independente da ordem em que os objetos são organizados. E isso ele considera um bom exemplo do tipo de conhecimento baseado na experiência lógico-matemática. O que descobrimos é uma relação entre duas ações, e não, ou não só, uma propriedade das pedrinhas.

É importante notar que os tipos de ação que proporcionam a experiência lógico-matemática são os mesmos que nos fornecem a base das estruturas operacionais (seções 3.5 e 3.6).

Quando Piaget fala de experiência lógico-matemática, está dizendo mais uma vez que mesmo as formas mais elevadas do raciocínio abstrato têm suas origens na ação. Sua tese é a de que as conclusões a que chegamos depois pela dedução — e que de fato parecem muito evidentes por si mesmas — devem no começo ser comparadas com a evidência do que descobrimos pelo fazer. Por exemplo: suponha que uma criança descobre que pode organizar um conjunto de objetos em dois subconjuntos iguais, fazendo pares com eles. Será que então ela vai *saber*, sem ter de tentar, que, se mais um objeto for acrescentado ao conjunto como um todo, não será mais possível dividir o conjunto igualmente em duas partes, como fez antes? A resposta de Piaget é que, no estágio pré-operacional, ela não vai saber disso, mas depois isso vai lhe parecer absolutamente óbvio.

É ao discutir como este tipo de mudança ocorre que Piaget introduz a noção de *abstração reflexiva*. Diz que há processos de abstração envolvidos tanto na experiência física quanto na experiência lógico-matemática. No caso da experiência física, chegamos ao conhecimento do peso por uma espécie de abstração que equivale a desconsiderar outras propriedades do objeto, como seu volume ou sua forma. O peso é assim abstraído, "retirado" do todo, para ser considerado. Mais que isso, porém, tem de acontecer quando uma propriedade está sendo abstraída das próprias ações da pessoa. Piaget afirma que então já não basta desconsiderar outras propriedades. Além disso, um processo de nova construção é necessário. Para usar suas próprias palavras: "A abstração que parte das ações ... não consiste apenas em isolar ou notar elementos separados, mas requer necessariamente uma reconstrução por meio de elementos projetados ou 'refletidos' do plano inferior para o plano superior." É o tipo de reconstrução que se diz ocorrer quando, por exemplo, as operações concretas começam a surgir.

Há duas razões pelas quais Piaget qualifica a abstração que parte das ações como "reflexiva". Em primeiro lugar, como mostra a citação, ele está realmente usando uma metáfora: a construção do plano inferior é "refletida" ou "projetada" no plano superior. E, em segundo lugar, a mudança é marcada por uma "reflexão" maior, no sentido de intensificação do pensamento e da consciência.

4.7 *Equilibração*. A importância do *equilíbrio* na teoria piagetiana já foi observada (seção 2.1). *Equilibração* é o nome geral do processo através do qual se chega a um equilíbrio melhor.

A idéia é muito próxima à de auto-regulação (seção 2.1). A equilibração é um processo auto-regulatório e, enquanto tal, seu objetivo é corrigir ou compensar qualquer perturbação do sistema. À medida que esse processo continua no tempo, os estados de equilíbrio limitado ou parcial, como, por exemplo, aqueles do período sensório-motor, são substituídos por estados "melhores", caracterizados pela capacidade de enfrentar um número maior de contingências e pela maior mobilidade, permanência e estabilidade.

Uma das noções fundamentais é a de que o aperfeiçoamento do equilíbrio está muito intimamente relacionado com a aquisição de um grau maior de reversibilidade. A reversibilidade perfeita do pensamento operacional (seção 3.5) é um traço ao qual Piaget volta muitas vezes. Desse modo, numa tarefa de conservação do comprimento, a criança começa vendo duas varinhas de mesmo comprimento exatamente alinhadas. Depois vê uma delas sendo movida para o lado de modo a desfazer o alinhamento. Essa perturbação é compensada, entretanto, se a criança entender que o movimento pode ser exatamente equilibrado ou revertido por um movimento na direção oposta. Nesse caso, a igualdade é conservada e o equilíbrio é mantido.

Afirma-se que esse tipo de estabilidade se desenvolve em conseqüência de processos de equilibração.

4.8 *Equilibração e Aprendizagem*. Piaget discute com muita freqüência as relações entre equilibração e aprendizagem. Para ele, a "aprendizagem" não é de forma alguma equivalente ao "desenvolvimento". Antes, ele tende a equiparar a "aprendizagem" com a aquisição de conhecimento a partir de uma fonte externa — isto é, contrapõe-na à aquisição enquanto resultado das próprias atividades. Desse modo, se uma criança se torna capaz de conservar quando lhe dão a resposta certa ou quando recebe uma recompensa depois de, por acaso, dar a resposta certa, isso certamente seria aprendizagem. Mas Piaget acredita que nenhum desenvolvimento fundamental ocorre desta forma. Os desenvolvimentos fundamentais ocorrem através da construção ativa e da auto-regulação.

Piaget não exclui a possibilidade de que tentativas específicas de ensinar as crianças a conservarem, e outras coisas do gênero, façam alguma diferença — principalmente quando o método é tal que leva a criança a algo que a surpreenda ou a faça reconhecer uma contradição. Pois essa experiência pode exigir novos esforços adaptativos por parte da criança, e assim detonar processos de equilibração. Mas a possibilidade de o ensino fazer uma diferença *real* vai depender do estágio a que chegou a criança: "A aprendizagem está subordinada ao nível de desenvolvimento do sujeito."

Como conclusão, quero enfatizar de novo que, ao escrever este Apêndice, procurei apenas fazer uma exposição imparcial das idéias de Piaget, e não avaliá-las. As principais fontes em que se baseia esta exposição são:

Beth, E. W., & Piaget, J., *Mathematical Epistemology and Psychology*. Dordrecht-Holanda: D. Reidel, 1966.

Piaget, J., *The Psychology of Intelligence*. Londres: Routledge & Kegan Paul, 1950.
Piaget, J., *Logic and Psychology*. Manchester: Manchester University Press, 1953.
Piaget, J., Piaget's Theory. In P. H. Mussen (ed.), *Carmichael's Manual of Child Psychology,* Vol. I. Nova York: Wiley, 1970.
Piaget, J., *Biology and Knowledge*. Edimburgo: Edinburgh University Press, 1971.

A citação da seção 4.5 foi tirada de "Piaget's Theory" — A Teoria de Piaget —, p. 710. A citação da seção 4.6 é de *Mathematical Epistemology and Psychology* — Epistemologia Matemática e Psicologia —, p. 241. A citação da seção 4.8 é de "Piaget's Theory", p. 716.

REFERÊNCIAS BIBLIOGRÁFICAS

Anderson, R., Manoogian, S. T., & Reznick, J. S., The undermining and enhancing of intrinsic motivation in preschool children. *Journal of Personality and Social Psychology*, 1976, *34*, 915-22.

Blank, M., *Teaching Learning in the Preschool*. Columbus, Ohio: Merrill, 1973.

Bloom, L., Talking, understanding and thinking. In R. L. Schiefelbusch & L. L. Lloyd (eds.), *Language Perspectives — Acquisition, Retardation and Intervention*. Nova York: Macmillan, 1974.

Bower, T. G. R., *A Primer of Infant Development*. São Francisco: W. H. Freeman, 1977.

Bower, T. G. R., & Wishart, J. G., The effects of motor skill on object permanence. *Cognition*, 1972, *1*, 165-72.

Bruner, J. S., *Toward a Theory of Instruction*. Nova York: W. W. Norton, 1966.

Bruner, J. S., The ontogenesis of speech acts. *Journal of Child Language*, 1975, *2*, 1-19.

Bryant, P., & Kopytynska, H., Spontaneous measurement by young children. *Nature*, 1976, *260*, 772.

Campbell, R., & Bowe, T., Functional asymmetry in early language understanding. In G. Drachman (ed.), *Salzburg Papers in Linguistics*, vol. III. Tübingen: Gunter Narr (no prelo).

Chomsky, N., *Aspects of the Theory of Syntax*. Cambridge, Mass.: M.I.T. Press, 1965.

Clark, E. V., Awareness of language: some evidence from what children say and do. Dissertação apresentada na mesa-redonda "The Child's Conception of Language" (O Conceito Infantil da Linguagem), Projektgrüppe für Psycholinguistik, Max-Planck-Gesellschaft, Nijmegen. (A ser publicado nas Atas.)

Clark, M. M., *Young Fluent Readers*. Londres: Heinemann Educational, 1976.

Cole, M., Gay, J., Glick, J. A., & Sharp, D. W., *The Cultural Context of Learning and Thinking*. Londres: Methuen, 1971.

Deci, E. L., *Intrinsic Motivation*. Nova York: Plenum Press, 1975.

Donaldson, M., *A Study of Children's Thinking*. Londres: Tavistock, 1963.

Donaldson, M., & Lloyd, P., Sentences and situations: Children's judgements of match and mismatch. In F. Bresson (ed.), *Problèmes Actuels en Psycholinguistique*. Paris: Centre National de la Recherche Scientifique, 1974.

Donaldson, M., & McGarrigle, J., Some clues to the nature of semantic development. *Journal of Child Language*, 1974, *1*, 185-94.

Douglas, M., *Implicit Meanings*. Londres & Boston: Routledge & Kegan Paul, 1975.

Downing, J., Children's concepts of language in learning to read. *Educational Research*, 1970, *12*, 106-12.

Fox, B., & Routh, D. K., Analysing spoken language into words, syllabes and phonemes: a developmental study. *Journal of Psycholinguistic Research*, 1975, *4*, 331-42.

Gelman, R., Conservation acquisition: A problem of learning to attend to relevant attributes. *Journal of Experimental Child Psychology*, 1969, *7*, 167-87.

Gibson, E. J., & Levin, H., *The Psychology of Reading*. Cambridge, Mass.: M.I.T. Press, 1975.

Grieve, R., Hoogenraad, R., & Murray, D., On the child's use of lexis and syntax in understanding locative instructions. *Cognition*, 1977, *5*, 235-50.

Gruber, K. H., Backwards to Europe. *Times Educational Supplement*, 24 de junho de 1977, 18-19.

Hall, L. C., Linguistic and perceptual constraints on scanning strategies: some developmental studies. Universidade de Edimburgo: dissertação de doutoramento não publicada, 1975.

Harris, P. L. (comunicação pessoal).

Henle, M., The relationship between logic and thinking. *Psychological Review*, 1962, *69*, 366-78.

Hewson, S. N. P., Inferential problem solving in young children. Universidade de Oxford: dissertação de doutoramento não publicada, 1977.

Hopkins, G. M., carta a Robert Bridges de 17 de maio de 1885. In Abbott, C. C. (ed.), *The Letters of Gerard Manley Hopkins to Robert Bridges*. Londres: Oxford University Press, 1935.

Hughes, M., Egocentrism in pre-school children. Universidade de Edimburgo: dissertação de doutoramento não publicada, 1975.

Hughes, M., & Grieve, R., Interpretation of bizarre questions in five and seven-year-old children. (Em preparação.)

Inhelder, B., & Piaget, J., *The Early Growth of Logic in the Child: Classification and Seriation*. Londres: Routledge & Kegan Paul, 1964.

Inhelder, B., Sinclair, H., & Bovet, M., *Apprentissage et Structures de la Connaissance*. Paris: Presses Universitaires de France, 1974.

Johnson-Laird, P. N., Legrenzi, P., & Sonino Legrenzi, M., Reasoning and a sense of reality. *British Journal of Psychology*, 1972, *63*, 395-400.

Jung, C. G., The development of personality. *Collected Works*, vol. 17. Londres: Routledge and Kegan Paul, 1954.

Karmiloff-Smith, A., & Inhelder, B., If you want to get ahead, get a theory. *Cognition*, 1975, *3*, 195-212.

Kendler, T. S., & Kendler, H. H., Experimental analysis of inferential behavior in children. In Lipsitt, O. P., & Spiker, C. C. (eds.) *Advances in Child Development and Behaviour*, vol. 3, 1967.

Lee, L., *Cider with Rosie*. Londres: The Hogarth Press, 1965 (p. 50).

Lepper, M. R., Greene, D., & Nisbett, R. E., Undermining chidren's intrinsic interest with extrinsic rewards: A test of the "over-justification" hypothesis. *Journal of Personality and Social Psychology*, 1973, *28*, 129-37.

Lewis, C. S., *That Hideous Strength: a Modern Fairy Tale for Grownups*. Londres: Bodley Head, 1945.

Lloyd, P., Communication in pre-school children. Universidade de Edimburgo: dissertação de doutoramento não publicada, 1975.

Macrae, A. J., Meaning relations in language development: a study of some converse pairs and directional opposites. Universidade de Edimburgo: dissertação de doutoramento não publicada, 1976.

McGarrigle, J., & Donaldson, M., Conservation accidents. *Cognition*, 1974, *3*, 341-50.

McGarrigle, J., Grieve, R., & Hughes, M., Interpreting inclusion: a contribution to the study of the child's cognitive and linguistic development. (Em preparação.)

McMichael, P., Self-esteem, behaviour and early reading skills in infant school children. In J. F. Reid & H. Donaldson (eds.), *Reading: Problems and Practices* (2.ª ed.). Londres: Ward Lock Educational (1977).

Macnamara, J., Cognitive basis of language learning in infants. *Psychological Review*, 1972, *79*, 1-13.

Maratsos, M. P., Non-egocentric communication abilities in pre-school children. *Child Development*, 1973, *44*, 697-700.

Olson, D. R., Culture, technology and intellect. In L. B. Resnick (ed.), *The Nature of Intelligence*. Hillsdale, N. J.: Lawrence Erlbaum Associates, 1976.

Papousek, H., Individual variability in learned responses in human infants. In R. J. Robinson (ed.), *Brain and Early Behaviour*. Londres: Academic Press, 1969.

Piaget, J., *The Language and Thought of the Child*. Londres: Routledge & Kegan Paul, 1926.

Piaget, J., *The Child's Conception of Number*. Londres: Routledge & Kegan Paul, 1952.

Piaget, J., *The Child's Conception of Reality*. Londres: Routledge & Kegan Paul, 1958.

Piaget, J., *The Grasp of Consciousness*. Londres: Routledge & Kegan Paul, 1977.

Piaget, J. & Inhelder, B., *The Child's Conception of Space*. Londres: Routledge & Kegan Paul, 1956.

Piéraut-Le Bonniec, G., *Le Raisonnement Modal*. Haia: Mouton, 1974.

Platão, *Protagoras and Meno*. Traduzido para o inglês por W. K. C. Guthrie. Londres: The Penguin Classics, 1956.

Reid, J. F., Learning to think about reading. *Educational Research*, 1966, *9*, 56-62.

Reid, J. F., & Low, J., *Link-up*. Edimburgo: Holmes McDougall, 1972.

Resnick, L. B., Task analysis in instructional design: Some cases from mathematics. In D. Klahr (ed.), *Cognition and Instruction*. Hillsdale, N. J.: Lawrence Erlbaum Associates, 1976.

Richards, I. A., *How to Read a Page*. Londres: Routledge & Kegan Paul, 1943.

Rose, S. A., & Blank, M., The potency of context in children's cognition: An illustration through conservation. *Child Development*, 1974, *45*, 499-502.

Satire on the Trades. Traduzido para o inglês por J. W. Wilson; in J. B. Pritchard (ed.), *Ancient Near Eastern Texts*. Princeton, N. J.: Princeton University Press, 1955.

Sayers, Dorothy L., *Have His Carcase*. Londres: Victor Gollancz, 1971 (p. 112).

Siegler, R. S., Three aspects of cognitive development. *Cognitive Psychology*, 1976, *8*, 481-520.

Slobin, D. I., & Welsh, C. A., Elicited imitation as a research tool in developmental psycholinguistics. In C. A. Ferguson & D. I. Slobin (eds.), *Studies of Child Language Development*. Nova York: Holt, Rinehart & Winston, 1973.

Szasz, T. S., *The Second Sin*. Londres: Routledge & Kegan Paul, 1974.
Trevarthen, C., Communication and cooperation in early infancy: A description of primary intersubjectivity. In M. Bullowa (ed.), *Before Speech: The Beginnings of Human Communication*. Londres: Cambridge University Press (no prelo).
Vygotsky, L. S., *Thought and Language*. Cambridge, Mass.: M.I.T. Press, 1962.
Wallington, B. A., Some aspects of the development of reasoning in preschool children. Universidade de Edimburgo: dissertação de doutoramento não publicada, 1974.
Wason, P. C., & Johnson-Laird, P. N., *Psychology of Reasoning: Structure and Content*. Londres: Batsford, 1972.
Werner, H., *Comparative Psychology of Mental Development*. Nova York: International Universities Press, Inc., 1948.
Whitehead, A. N., Technical education and its relation to science and literature. In A. N. Whitehead (ed.), *The Aims of Education*. Londres: Williams & Norgate, 1932.
Ziff, P., *Understanding Understanding*. Ithaca, N.Y.: Cornell University Press, 1972.